ビギナーズ
経営組織論

槇谷正人［著］

Beginners Organizational Management Theory

中央経済社

はじめに

　経営組織論は，経営学のなかでも戦略論，管理論，人的資源論と密接した学問です。組織で働く人びとにとって，経営資源を有効に活かすための一般教養といえるでしょう。本書では，「組織研究の基礎」「組織研究の系譜」「マクロ組織論」「ミクロ組織論」という順序で，理論を解説していきます。

▶なぜ経営組織論を学ぶのか

　私たちは多くの人びとと相互に関係を築きながら社会で生活をしています。また，現代社会においては，働くことによって生き甲斐を感じ，生計を立てることが生活の基盤となります。他の人から指図を受けず，干渉されずにひとりで思いどおりに生きたいと考えても，他の人びととの関係性をなくしてそれは実現しないでしょう。私たちは，会社員，公務員など，さまざまな組織に所属して仕事による活動をすることになります。しかも，人生の大半の時間を，所属する組織で過ごすことになるのです。したがって，組織の活動の仕組みを学ぶ経営組織論は，すべての人にとって，生きていくためにも，活力のある社会を創るためにも，極めて必要不可欠な知識といえるでしょう。

　持続性のある創造的で魅力的な組織は，人間尊重の経営をとおして，取り巻く環境の変化に適応することで常に組織を進化させています。うまく環境の変化に適応できないと，組織は社会から淘汰されてしまいます。経済的にも社会的にも問題のある組織が，環境に適応できず淘汰されるのであればむしろそれは良いことでしょう。しかし，それらの組織が生き残ることによって，さまざまな意図せざる結果を生み出すことも稀ではありません。このように，組織活動の知識やメカニズムを学ぶことは，将来においても私たちがより良い社会を築き上げるために必要不可欠な教養なのです。

はじめに

▶本書の特徴

　本書は経営組織論を学習しようとしている大学生を主な対象として書かれています。経営組織論は，経営学の基礎的な知識を中心に，経営管理論，経営戦略論，人的資源管理理論と密接に関連しています。したがって，関連する科目の研究対象とアプローチ方法の共通点や相違点なども考慮しながら書かれています。基本的な理論を中心としたテキストとしていますが，大学院生が経営組織論の基礎を身につけるのにも役立ちます。また，現実の社会において，機能的な組織活動がもたらす効果と，その反面，意図せざる結果を生み出す要因についても考察をします。社会人が経営組織論の理論を理解し，現実の組織現象や組織活動の問題を解決するためにも役立ちます。

　本書は，組織研究の系譜が，現代の社会における組織活動の基盤となっていることに着目しています。また，組織研究の理論が，企業組織の成長プロセスに不可欠な視点を提示していることを見逃しません。さらに，マクロ組織論では，経営者層や管理者層の戦略と管理の活動視点から，ミクロ組織論では，リーダー層やメンバー層の仕事と業務の活動視点から説明しています。つまり，本書の大きな特徴は，組織論の理論を，現代企業の実践と関連させて議論していることです。

▶本書の構成

　本書は4部から構成されます。第Ⅰ部は，「組織研究の基礎と全体像」，第Ⅱ部は，「組織研究の系譜」，第Ⅲ部は，「マクロ組織の理論」，第Ⅳ部は，「ミクロ組織の理論」です。

　第Ⅰ部「組織研究の基礎と全体像」では，経営組織の定義，経営組織を学ぶ意義，組織研究の発展の歴史，多様な組織について解説します。そもそも組織は，個人では達成できない仕事を複数の人びとが協働することによって機能します。また，技術革新の迅速化と高度化，情報のネットワーク化とデジタル化の進展など，私たちを取り巻く社会環境が複雑化しています。そこで，組織活動が社会にもたらす影響について現実の組織問題の本質を議論します。

第Ⅱ部「組織研究の系譜」では，経営組織の研究が，現代組織にどのように活かされているのかを解説します。合理性の追求，人間性の追求をとおした伝統的管理論から研究が始まりました。その後，システム性の追求を極めてきた近代組織論へと発展し，状況適応のため条件性の追求，外部環境への適応性の追求によって組織化のプロセスが研究されてきました。そして，組織が戦略性と創発性を追求してきた研究系譜を理解したうえで，現代的意義を考察します。最後に，環境と組織の関係の解明に向けた理論を体系的に説明します。

第Ⅲ部「マクロ組織の理論」では，経営組織を社会と外部環境とのかかわりに着目し，マクロ組織の理論から把握します。まず，企業組織の基本型として組織形態の理解を深め，環境適応するため戦略によってどのように組織形態を変化させる必要があるのかを考察します。次に，現代の企業組織が，持続性を追求するために解決しなければならない課題を，組織能力，組織文化，組織学習，組織変革との関係から説明します。さらに，企業組織が進化し続けるためには，外部環境と組織の境界の問題と，外部組織との協調戦略の課題を克服する重要性について学びます。

第Ⅳ部「ミクロ組織の理論」では，経営組織と人間行動とのつながりに着目しミクロ組織の理論から把握します。まず，モチベーション，コミットメント，リーダーシップなど行動科学の理論を説明します。ミクロ組織の理論はマクロ組織の理論とも密接に絡み合っているため，チームワーク，コミュニケーション，コンフリクトについても考察を広げます。考察の対象として，個人と個人，個人と集団，集団と集団，集団と組織，組織と組織，そして組織と個人の関係を取り上げます。さらに，組織問題の本質と実践的な解決に向けて，コーポレート・ガバナンスの方法などから，トップ・マネジメントの機能について議論を深めます。

▶本書の使い方

第Ⅰ部の組織論の基礎と全体像で，本書要約をしています。ぜひ，第Ⅰ部から読んでください。第Ⅱ部の組織研究の系譜は，組織論の系譜を解説していま

はじめに

すので，体系的に理解を深めたい人は第Ⅰ部に続けて読んでください。ただし，経営学の基本的な知識を得ている人や，経営戦略論に興味のある人は，第Ⅲ部のマクロ組織論から読み進めてもかまいません。また，第Ⅳ部のミクロ組織論は，現実の経営組織のなかでの人間行動について説明していますので，人的資源管理理論に興味のある人や，実践的な知識を得たい人が最初に読むという方法もあります。

第Ⅰ部から第Ⅳ部まで，経営組織論を一連のストーリーとして組み立てています。したがって，どこから読み進めても，重要なキーワードが各章で説明されています。巻末の索引などを利用して本書を辞書のようにして重要なキーワードの箇所を確認してください。

各章の最初に，理解したい内容をポイントとして質問形式で箇条書きにしていますので，よく読んでください。次に，各章のキーワードを提示しています。各章の最後には，皆さんが学習を発展させ応用するために，現代社会の組織現象や組織課題を解決する手助けとして，章末問題を載せています。ぜひこれらのテーマについて確認してください。自分で調査し研究を深めるためのものです。他者やチームで議論しレポートにまとめることで，組織研究の理論が，現実の組織活動の実践として理解を深めることにつながるでしょう。

▶謝辞

本書の執筆に際して，出版の機会を与えていただきました中央経済社山本継社長と，本書の企画をご提案いただきました経営編集部編集長の納見伸之氏，丁寧な編集作業を行っていただきました経営編集部副編集長の酒井隆氏にこの場を借りて厚くお礼申し上げます。

2018年2月

槇谷正人

目　次

はじめに・i

第Ⅰ部　組織研究の基礎と全体像

第1章　組織研究のアプローチ・2
1　組織のとらえ方／3
2　組織研究の発展系譜／4
3　組織論の3つのパースペクティブ／12
4　組織研究系譜の現代的意義／13

第2章　組織研究の対象と発展・16
1　組織研究の分析対象：マクロレベルとミクロレベル／17
2　オープン・システムとしての組織／18
3　マクロ組織の理論／20
4　ミクロ組織の理論／23
5　ミクロレベルの組織論とマクロレベルの組織論の統合に向けて／26

第Ⅱ部　組織研究の系譜

第3章　合理性と人間性の追求・32
1　科学的管理法／33
2　経営管理論／36
3　人間関係論／37

4　合理性の追求と人間性の追求の現代社会における意義／41

第4章　協働システムの追求・44

　　　1　組織の3要素／45
　　　2　協働意欲を高める組織均衡／46
　　　3　組織均衡を保持する協働体系（協働システム）／47
　　　4　自律人モデルの人間論／48
　　　5　協働システムの物的要因と生物的要因／49
　　　6　協働システムの心理的要因と社会的要因／50
　　　7　協働システムの追求の現代的意義／52

第5章　意思決定システムの追求・55

　　　1　意思決定のための前提概念／56
　　　2　意思決定の合理性／57
　　　3　行為の過程と決定の過程／58
　　　4　最適化意思決定と制約された合理性／60
　　　5　目的体系の階層性／61
　　　6　意思決定システムの追求の現代的意義／63

第6章　状況適応システムの追求・65

　　　1　オープン・システムモデル／66
　　　2　バーンズとストーカーの研究／67
　　　3　ウッドワードの研究／67
　　　4　ローレンスとローシュの研究／69
　　　5　環境適応の論理／70
　　　6　情報処理パラダイム／73
　　　7　状況適応システムの追求の現代的意義／74

第7章　組織化システムの追求・76

1　オープン・システムの組織理論／77
2　組織と組織化／78
3　組織の意思決定プロセスの解明／79
4　組織の構成要素としての相互行為／81
5　組織化システムの追求の現代的意義／84

第8章　組織の戦略性の追求・87

1　組織の環境認識と戦略的選択／88
2　経営戦略論の研究／90
3　経営戦略研究の代表的な2つのアプローチ／91
4　経営戦略論と経営組織研究／93
5　組織の戦略性の追求の現代的意義／94

第9章　組織の創発性の追求・96

1　官僚制組織から新たな組織へ／97
2　いきすぎた合理性／98
3　組織の非合理性を活かした活動／102
4　情報活用から知識創造へ／102
5　組織の創発性の追求の現代的意義／104

第Ⅲ部　マクロ組織の理論

第10章　組織形態と組織能力・108

1　分業の種類と組織形態／109
2　実際的な組織構造の種類／112
3　経営資源と組織能力／120

4　組織構造と組織形態，そして組織デザイン／121
　　5　組織形態と組織能力のダイナミズム／122

第11章　組織文化と組織学習・125
　　1　制約された合理性仮説への疑問／126
　　2　組織文化と組織学習への着目／127
　　3　組織文化の研究／128
　　4　組織文化の形成／131
　　5　組織学習の研究／134
　　6　組織学習の研究から組織変革へ／141
　　7　組織文化と組織学習のダイナミズム／142

第12章　組織進化と組織変革・144
　　1　デジタル化社会の組織変革／145
　　2　組織原則をベースとする基本的な組織形態の変革／146
　　3　組織変革プロセスの研究／152
　　4　組織変革のメカニズム解明に向けて／156
　　5　組織進化と組織変革のダイナミズム／158

第Ⅳ部　ミクロ組織の理論

第13章　モチベーション・162
　　1　組織人のモチベーション・マネジメント／163
　　2　モチベーション欲求理論／164
　　3　モチベーション過程理論／167
　　4　モチベーション欲求理論とモチベーション過程理論の統合／170
　　5　外発的動機づけと内発的動機づけ／171

6　モチベーションを高めるインセンティブ・システム／172

第14章　コミットメント・175
　　　1　コミットメント（commitment）とは／176
　　　2　コミットメント研究の系譜／177
　　　3　ワーク・コミットメント（work commitment）の研究／178
　　　4　近年のコミットメント研究／179
　　　5　コミットメントを高めるマネジメント／182
　　　6　コンフリクト／183
　　　7　組織と個人の目的統合／187

第15章　リーダーシップ・189
　　　1　権威の受容／190
　　　2　リーダーシップとは何か／191
　　　3　リーダーシップの研究系譜／192
　　　4　リーダーシップの機能的側面／204
　　　5　組織のオーソリティー（権威）と組織のパワー（権力）／206

あとがき・209

参考文献・211

索　　引・231

第Ⅰ部
組織研究の基礎と全体像

　第Ⅰ部では，組織研究のアプローチ方法，研究発展の系譜について体系的に整理します。組織研究が本格的に開始されたのは，20世紀半ばに入ってからです。組織研究は，20世紀初頭の経営管理の研究以来，現代社会や企業組織においても重要な解決課題を抱えています。そのため，組織の成果を，その有効性と能率の環境適応によって追求すると同時に，社会性を追求するという両側面からの研究アプローチがとられてきました。

　組織の研究は，過去の研究系譜に加えて，外部環境との関係を中心としたマクロレベルの組織論，組織と個人の関係を中心としたミクロレベルの組織論が重要になります。

　そこで，第1章では，組織の研究系譜を，現代社会の企業組織に適用することの意義について検討します。第2章では，企業組織の持続性と健全性の視点から，企業組織のライフサイクルの各時期において求められる組織特性を明らかにします。そのうえで，マクロレベルとミクロレベルの組織論に区分して，企業組織の持続性と健全性に重要な要因を取り上げます。

　マクロレベルでは，組織形態と組織能力，組織文化と組織学習，組織進化と組織変革です。ミクロレベルでは，モチベーション，コミットメント，リーダーシップです。そのうえで，マクロレベルとミクロレベルを統合する組織特性や組織要因は何かを検討します。しかし，組織は外部環境と切り離してとらえることはできないため，環境と組織が共進化するには何が重要かについて考察することにします。

第1章　組織研究のアプローチ

POINT

1. 組織の定義について，共通目的，組織目標，協働，社会，環境，個人，コミュニケーションという用語で説明してください。
2. 百年にわたる組織研究の系譜について，その体系を8段階に分けて説明してください。
3. 組織研究の8段階の理論体系が，それぞれの成長プロセスのどの段階に適応可能かどうか考えてみてください。
4. 企業組織が持続的に成長するためには，どのような組織づくりが必要でしょうか。新たな環境に適合する組織について考察してください。

Key Word

合理性，人間性，協働システム，意思決定システム，状況適応システム，組織化システム，組織の戦略性，組織の創発性，科学的管理法，官僚制組織，管理過程，ホーソン実験，人間関係論，コンティンジェンシー理論，限定された合理性，非合理性

Summary

　経営組織論は，現代社会の人間活動がもたらす経済性や有効性など合理的な側面と，社会性や能率など非合理的な側面を対象としています。また，人間行動と組織活動が変化するメカニズムを解明する学問です。

　第1章では，私たちが現代社会で生活するために組織に所属することになります。経営組織論をなぜ学ぶ必要があるのか，その理由を検討することから始めましょう。

　大学生にとって，3年生になると就職活動が現実に迫ってきて，不安を抱える学生が少なくありません。将来どのような職業に就くのであれ，いずれかの組織に所属する活動を意味します。孫子の兵法でとても有名な言葉として「彼を知り，

己を知れば，百戦して危うからず」があります。就職活動にあてはめるならば，研究対象となる企業や組織の研究と，自己の強み弱みの分析を丹念に準備しておくことが，就職活動を成功に導くでしょう。希望する組織に所属することは重要ですが，仕事によって組織や社会に貢献する活動が重要になります。組織に所属することはひとつの手段であって，その後，仕事をとおした組織での活動が，働く重要な目的になってきます。

　社会に出る前に経営組織論を学んでおくことは重要です。自らが社会で，組織で，生き生きと輝く活動をするために必要不可欠な科目であるといっても過言ではありません。

1　組織のとらえ方

　私たちの生活は，企業組織が生産した商品や提供するサービス，行政組織が整備した施設や提供するサービスによって，そこから便益を享受しています。組織活動によって生み出されたものによって生活が成り立っているといえるでしょう。

　組織とは何か。目に見える象徴物があれば，これは組織であるとはっきりとらえることができます。企業組織の本社ビルや行政組織の庁舎などを，ひとつの組織であると認識できなくはありません。しかし，企業組織や行政組織の内部では，時代の環境変化に適応するために，**組織構造**と**組織形態**を常に変化させ続けています。また，その組織に所属する人びとも常に入れ替わったり，増減があったりするため，把握することが困難です。とはいえ，組織そのものは存在していることには違いがありません。そうしたなかで，組織の実態を把握するために，20世紀に入ってさまざまな研究がなされてきました。

　次に，20世紀以降の，組織研究の発展について整理しておきましょう。

2 組織研究の発展系譜

　組織研究の発展と，多様な組織のとらえ方について解説します。組織研究が本格的に始まったのは20世紀初頭からです。組織研究は多様化していますが，20世紀の時代背景や国ごとに経済発展の状況が異なっていたために，簡単に把握することが困難です。ここでは，時代ごとに大きく次の8段階に分けて組織研究の系譜を説明することにします（図1-1）。

　その8段階とは，①**合理性**の追求（1900年代から1920年代頃），②**人間性**の追求（1920年代から1930年代頃），③**協働システム**の追求（1940年代から1950年代頃），④**意思決定システム**の追求（1950年代から1970年代頃），⑤**状況適応システム**の追求（1960年代から1970年代頃），⑥**組織化システム**の追求（1970年代から1980年代頃），⑦**組織の戦略性**の追求（1980年代から2000年代頃），⑧**組織の創発性**の追求（1990年代から2010年代頃）です。

　次に，8段階の組織研究の発展系譜について，代表的な研究者とその内容を簡単に見ていきましょう。

図1-1■組織研究の系譜

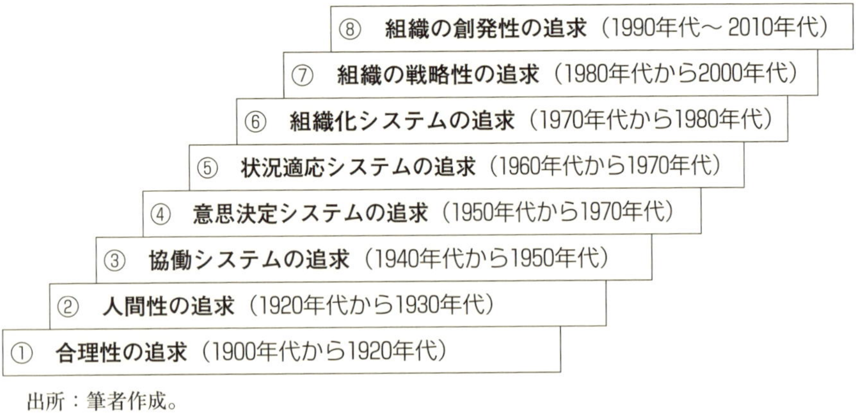

⑧　組織の創発性の追求（1990年代〜2010年代）
⑦　組織の戦略性の追求（1980年代から2000年代）
⑥　組織化システムの追求（1970年代から1980年代）
⑤　状況適応システムの追求（1960年代から1970年代）
④　意思決定システムの追求（1950年代から1970年代）
③　協働システムの追求（1940年代から1950年代）
②　人間性の追求（1920年代から1930年代）
①　合理性の追求（1900年代から1920年代）

出所：筆者作成。

2.1 合理性の追求

　ドイツの**ウェーバー**（Weber, M., 1922a）は，工業化の傾向を工場の実地調査により，将来有効な組織形態は**官僚制組織**であると結論づけました。官僚制組織の特徴は組織の編成原理として，権限の階層性，専門化，非人格化，規則・手続きの体系化などに見られます。組織を集団として維持するために効率的なシステムでしたが，個人の自由意志や行動，柔軟性や創造性を抑圧してしまうという課題を残しました。とはいえ，有効で合理的な組織形態を追求する研究の原点ともいえるでしょう。

　アメリカの**テイラー**（Taylor, F. W., 1911）は，産業革命後の鉄鋼生産の増大にともなって企業規模が巨大化し，市場での大企業間の競争激化に対して，コストダウンや作業能率の向上に努めました。いわゆる**科学的管理法**（scientific management）と呼ばれる管理手法です。**課業（task）管理**により労働者の作業能率を向上させ，計画と執行を区分する**計画部**という部署を作りました。さらに工場職長の仕事を**職能的職長制度**という仕組みを作り，労働者の**差率出来高賃金**というインセンティブ賃金の仕組みを作り上げました。テイラーの科学的管理法は，必ずしも組織研究が対象ではありませんでした。しかし，作業の合理化を実現することは，組織活動の有効性に極めて関係が深いため，重要な組織研究につながったといえるでしょう。

　フランスの**ファヨール**（Fayol, J. H., 1917）は，鉱山会社に入社し社長を務めました。その経験を活かして，**経営活動**の職能分析を行いました。経営活動は技術，商業，財務，保全，会計，管理の6つの活動からなります。組織を管理する要素は，計画し，組織し，命令し，調整し，統制することであると定義しました。経験から体系化されたため，科学的に根拠が明確ではありませんでしたが，組織の秩序と仕事の合理的な管理過程を明確に提示しました。組織研究を進めるうえで，個人の仕事を進めるプロセスの解明につながる意義深い研究といえるでしょう。

2.2 人間性の追求

テイラーの科学的管理法に代表される合理性の追求は，多くの労働者の反感を増大させ，やる気の低下につながりました。当時のアメリカでは，労働者のやる気を高めるための方法について研究が進められてきました。ハーバード大学の**メイヨー**（Mayo, E., 1933）や**レスリスバーガー**（Roethlisberger, F. J., 1941）は，ウェスタン・エレクトリック社（Western Electric Company）のホーソン工場において調査を進めました。この調査は**ホーソン実験**（1924-1932）と呼ばれています。

調査の結果，組織が合理性を追求すればするほど，そこで働く人間には**実質非合理的**な側面があることが明らかになりました。作業時間，物的・人的な環境条件の調整，集団の心理や感情に働きかける**インフォーマル組織**の存在が作業能率にも影響を及ぼしていることを突き止めました。

合理性の追求の研究は，人間が働く動機を賃金に求めたという点で，経済的側面を重視した**経済人モデル**の人間観でした。一方，人間性の追求の研究は，人は賃金だけではなく，他者から注目されることによってやる気も成果も高まることが明らかになったのです。所属組織における人間の社会的関係性が影響することから**社会人モデル**と呼ばれる人間観でした。このように，人間性の追求の研究は，組織における人と人との関係に焦点を合わせていることから**人間関係論**（Human Relations）と呼ばれています。

2.3 協働システムの追求

科学的管理法に代表される合理性の追求と，人間関係論における人間性の追求の両側面を統合するという観点から組織研究が行われました。その代表として，組織研究に大きな発展をもたらしたのは**バーナード**（Barnard, C. I., 1938）です。これまでの伝統的な組織管理の理論に対して，近代管理論とも近代組織論とも呼ばれる画期的な組織モデルを提示しました。

バーナードは，**組織**を，「2人以上の人びと」によって提供される「活動な

いし諸力」が，共通の目的の達成のために，「意識的に調整」され，「システム」となっているものと定義しました。今日でも，このバーナードの組織の定義は広く普及しています。さらに，組織が存続するメカニズムとして，次の2つの要因をあげています。第1は，組織メンバーが組織目的を受け入れ，組織活動に貢献し続けることです。第2は，組織は組織メンバーの貢献に対して大きな誘因が提供されなければならないことです。大きな誘因とは，報酬や昇進，仕事環境などの特殊的誘因と，組織における人間関係などの一般要因です。このように，バーナードは，**誘因－貢献理論**として説明しています。

バーナードは「2人以上の人びとの意識的に調整された活動ないし諸力のシステム」と定義しました。バーナードの独自の組織観は，サイモン（Simon, H. A., 1947）らに影響を与えました。

2.4　意思決定システムの追求

サイモン（Simon, H. A., 1947）は，バーナード（Barnard, C. I., 1938）の組織の枠組みに基づき，**意思決定**を組織の本質的過程であるととらえました。組織が合理的に組織目的を達成するためには，個人の意思決定に影響を与えるメカニズムを構築しなければなりません。人間は実際の行動において，意思決定過程で完全な知識をもっているわけではなく，限られた情報や選択肢のなかから，「**限定された合理性**」で判断し行動します。

サイモンの意思決定システムの追求により，組織は一種のシステムとしてとらえられます。システムは部分と全体から構成されます。各部分が特定の役割を果たしながら，**分化**しつつ全体としてバランスするように**統合**されています。バーナードの協働システムとサイモンの意思決定システムは，組織のシステム性を追求してきた理論として位置づけられます。

2.5　状況適応システムの追求

外部環境の変化が激しくなった時代に，組織はいかに状況適応するのかが主な研究テーマとなってきました。その代表的な研究を紹介します。

バーンズとストーカー（Burns, T. & Stalker, G. M., 1961）は，スコットランドの企業20社の事例研究を行いました。その結果，技術革新の速さが組織の管理システムに大きな影響を及ぼしていることを明らかにしました。技術革新が遅く安定した市場環境では**機械的管理システム**が適合し，反対に技術革新が速く不安定な市場環境では**有機的管理システム**が適合することが分かりました。機械的管理システムは官僚制組織に似ており，有機的管理システムは規則や手続きがあまり重視されず，階層的な権限責任をこえた自由に意思疎通ができる組織でした。

ウッドワード（Woodward, J., 1965）は，イギリスのサウスエセックス地方の企業100社について総合的な分析を行い，生産技術を**単品生産**（注文服，電子光学製品など），**大量生産**（自動車，鋳鉄など），**装置生産**（石油，化学，製菓など）の3つに分類し，組織構造との関係を分析しました。その結果，技術が単品生産から装置生産へと複雑になるほど，責任権限の階層，経営担当者の統制範囲，管理監督者の比率，スタッフ比率，直接労働者対間接労働者比率が増大することを明らかにしました。また，単品生産と装置生産では，第一監督者の統制範囲が狭く，熟練工の採用比率が高くなっており，大量生産技術組織と異なっていることを明らかにしました。

ローレンスとローシュ（Lawrence, P. R. and Lorsch, J. W., 1967）は，プラスチック産業，食品産業，容器産業に属する企業に対して質問票調査とヒヤリング調査を行いました。そこでは，環境に適応するため組織構造が**分化**と**統合**を行う関係を考察しました。**分化**とは，システムの各構成部分が相互に異なった機能や役割を担う特徴を有します。一方，**統合**とは，各構成部分がひとつのまとまりとして形成されることをいいます。分化が進めば進むほど統合が難しくなるという組織の特徴を明らかにしました。

トンプソン（Thompson, J. D., 1967）は，組織が環境や技術に応じて組織構造を変えることを，**環境の不確実性削減**の観点から解明しようとしました。技術には，自動車の生産ラインに見られるような長連結型技術，銀行や運輸会社に見られるような媒介型技術，病院のように多様な能力を統合するような集約

型技術の3タイプがあります。考察の結果，組織が環境から不確実性を削減する方法を2つに整理しています。第1に，不確実性要因となる環境要因を取り囲むようにして境界を決定して，自社の**活動領域（ドメイン）**を設定することです。第2に，組織は環境からの不確実性を吸収し，テクニカル・コアの合理性を高める機能を果たす**境界連結単位**を分化させて配置することです。

チャンドラー（Chandler, A. D. Jr., 1962）は，アメリカのデュポン社やGM社の組織構造の詳細な歴史分析の結果，**「組織構造は戦略に従う」**という命題を導き出しました。環境に適応する戦略による組織変革を経て，**多角化**という経営行動によって**事業部制組織**の成立過程を明らかにしたのです。しかし，チャンドラーの研究は組織形態を歴史的に進めてきた研究でした。組織の適応性として経営戦略の理論として展開されてきたわけではありませんでした。

2.6 組織化システムの追求

合理性の追求と人間性の追求，協働システムの追求と意思決定システムの追求では，組織が環境とはつながりのない自己完結的に成立するものととらえられてきました。環境の影響を考慮に入れていないことから，**クローズド・システム**と呼ばれています。しかし，組織研究において，同じ管理手法で活動を行っても，成果が異なる組織が存在することが，実証研究で明らかになってきました。それは，組織を環境の影響によって活動の条件を変化させる，**オープン・システム**としてとらえる視点です。オープン・システムとして環境と組織との関係の考察を深めたのが，**組織のコンティンジェンシー理論**です。

ワイク（Weick, K. E., 1969）や，**マーチ**（March, J. G and Olsen, J. P., 1976）をはじめとして，バーナード理論では現実の組織の実態をとらえきれないとする限界説を提示したのです。バーナード理論は，組織の現実を記述するものではなく，組織のひとつの理想像を描く規範論に過ぎないと述べています。

そこで，組織を構成する諸要素が問題となるのが，組織のメンバー間でやりとりされる**相互行為**（interaction）であり，**コミュニケーション**であると主張しています。相互行為という概念は，社会学の領域においてはもっとも重要な

キーワードになっています。

　ワイクが指摘したように，組織化システムの追求とは，つねに**多義性**にさらされている行為者間で行われる**世界解釈の一義化**のための作業です。組織的な相互行為のプロセスを考察することが，組織化システムの追求につながります。

　近年では，組織メンバー間の相互行為を，**言説**（discourse）やストーリーテリング（storytelling）の観察を通して，解明しようとする研究が進展してきました。戦略の実行段階において，**計画的戦略**よりも，実践のなかでの**創発的戦略**の有効性を主張する研究として位置づけられます。

2.7　組織の戦略性の追求

　アンゾフ（Ansoff, H. I., 1979）は，チャンドラー（Chandler, A. D. Jr., 1962）の「組織構造は戦略に従う」という命題に対して，「**戦略は組織に従う**」という反対命題を投げかけました。アンゾフの主張は，環境変化が激しく乱気流水準が高まれば，組織的な対応に利用できる時間が短縮されてしまいます。そこで，企業組織が競争優位を維持するためには，環境変化に先駆けた戦略を構築する**組織能力**が重要であることを指摘しました。

　アンゾフは，企業における意思決定を**企業家的決定**（**戦略的決定**），**管理的決定**，**業務的決定**の３つに分類しました。そこで，企業家的決定（戦略的決定）を，企業と環境との関係と方向を位置づける重要な決定であると考えました。さらに，戦略的意思決定の構成要素としたのは，製品－市場戦略，成長ベクトル，シナジーです。

　1970年代までの組織研究を振り返ると，環境との関係も分析するということで領域を拡大してきましたが，研究対象は個別組織が中心でした。しかし，組織研究は，個別組織を対象とするミクロレベルだけでは不十分です。環境適応のための企業活動の**多角化**，**グローバル化**への対応に向けたマクロレベルの考察が必要になってきました。そこで，経営学研究の領域では，組織論と戦略論との融合が重要な課題であることが明らかになりました。具体的には，**組織間関係**，ネットワーク組織，**組織変革**，組織のイノベーションなどの議論があります。

このように，1980年代以降の組織研究は，環境適応を先取りする経営戦略の重要性が指摘され，組織現象とのかかわりを融合する視点で展開されてきました。

ポーター（Porter, M. E., 1980；1985）は，全社的な企業戦略と事業ごとの競争戦略との関係に焦点を当て，自社を産業の業界内での**ポジショニング（位置取り）**の問題であると主張しました。ポジショニングの仕方は，競争優位を獲得できるかどうか左右すると結論づけました。**ポジショニング・アプローチ**では，産業レベルの収益性が個々の企業の収益性に反映するという因果経路が強調されています。また，ポーターは，競争優位がどのように実現されていくかという問題に対して，**価値連鎖**（かちれんさ）という概念を用いて説明をしました。価値連鎖は，価値創造プロセスの流れを示すもので，主活動とそれを支える支援活動から成り立っています。戦略を実行するうえでの組織活動にかかわる研究につながってきます。

競争優位は価値連鎖を構成する個々の活動からだけではなく，活動間の連結を通じて生み出される可能性が高いとされています。この考え方は，組織研究の視点からも重要な指摘です。

2.8　組織の創発性の追求

企業の競争優位の源泉を企業外部の構造的要因に求めるポジショニング・アプローチでは説明ができないことに対して，新たな研究が展開されてきました。それは，企業組織の内部特性に焦点を当てた**資源ベース・アプローチ**，**能力ベース・アプローチ**と呼ばれる理論がひとつの潮流を形成するに至りました。企業組織における特異で模倣困難な資源の蓄積を強調するのが資源ベース・アプローチです。

資源ベース・アプローチは，ワーナーフェルト（Wernerfelt, B., 1984），およびバーニー（Barny, J. B., 1986；1996；2002）らによって展開されてきました。資源ベース・アプローチは，事業や製品に基づいた競争戦略よりは，むしろ全社的な戦略の策定と実行を重視し，その企業の特異な経営資源の開発や蓄積を通じて競争優位を確立すべきだと主張しています。

能力ベース・アプローチは，競争優位の源泉を企業内部の要因にあると見る点では資源ベース・アプローチと意見を同じくするものです。資源ベース・アプローチでは説明が不十分であった，資源の開発や更新を念頭に置き，それを可能にするものとして，組織のプロセスに注目するダイナミックなアプローチです。

　資源ベース・アプローチと能力ベース・アプローチは，経営戦略の理論から議論が展開されましたが，組織能力の創発性を追求し，組織学習の研究へと領域を広げたと位置づけることができるでしょう。

　創発性の追求を指摘した論者にミンツバーグ（Mintzberg, H., 1989）があげられます。適応性の追求や戦略性の追求によって，効率を求めるあまり非効率になったのが，「**いきすぎた合理性**」に陥った1970年代後半から1980年代頃のアメリカ企業でした。ミンツバーグは，このような状況を推して，「いきすぎた合理性」と批判しました。つまり，非合理的な要素の重要性を示したのです。**合理性と非合理性のバランスをとることこそが**，マネジメントの本質であると主張しました。そして，「いかにして戦略を形成すべきか」とする従来の戦略論とは異なる，「いかに戦略が形成されていくか」という観点に立脚して，「戦略の工芸制作（crafting）」という考えを提唱しました。

3　組織論の3つのパースペクティブ

　ハッチ（Hatch, M. J. with Cunliff, A. L., 2013）は，理論化に向けた，伝統的な2つの方法として，**理論パースペクティブ**と**規範的パースペクティブ**を位置づけたうえで，組織論で過去50年以上にわたって優位を占めてきた3つのパースペクティブを取り上げています。**モダン・パースペクティブ，シンボリック・パースペクティブ，ポストモダン・パースペクティブ**です。

　モダン・パースペクティブは，概念間の因果関係の「**説明**」に関心を向けています。シンボリック・パースペクティブは，主観的経験や「**解釈**」プロセスに関心を向けています。ポストモダン・パースペクティブは，説明や解釈で

はなく，自由へのあらゆる制約に対する批判的ないし美学的な「**認識**」に関心を向けています（『Hatch組織論』邦訳pp.12-16）。3つのパースペクティブのもととなった学問が整理されています。

4　組織研究系譜の現代的意義

　組織研究の系譜で整理した8つの追求は，組織の成長と発展，さらに進化のプロセスにとって極めて重要な原理を現代の企業組織に提示しているといえるでしょう。第1は創業期，第2は創業期から事業が軌道に乗るまでのスタート・アップ期，第3はスタート・アップ期から急成長期，第4は持続的な成長期，第5は持続的な成長期から安定期，第6は安定期から再成長期，第7はイノベーションや組織変革による再成長期です。

　最初に，第1の**創業期**には，生産性を高め合理性を追求することで，事業がスタートします。第2の創業期から事業が軌道に乗るまでの**スタート・アップ期**には，創業者だけではなく，権限委譲による組織メンバーの活動が中心となります。ここでは，組織活動の基盤となる人間性の追求が欠かせません。第3のスタート・アップ期から**急成長期**は，本格的に事業活動の軌道に乗る段階です。ここでは，組織と個人の関係を統合する協働システムの追求が，組織の持続性の基盤を作ります。第4の**持続的な成長期**では，主に経営者層が中心となって意思決定システムを明確にし，組織メンバーの活動を高める必要があります。ここでも，合理性，人間性，協働システムの追求は維持されていなければなりません。第5の持続的な成長期から**安定期**に至る時期に，さらなる成長を目指すには外部環境への先行適応が必要です。安定期であればあるほど，環境への状況適応システムを追求する活動が求められます。第6の安定期から**再成長期**には，組織の硬直化の克服と，成長を阻害する組織ルーティンの破壊に向けて組織化システムを追求することです。官僚制組織に代表される経営者層が中心となったヒエラルキー組織から，組織メンバー層が中心となったネットワーク型組織などへの移行が求められます。第7の再成長期には，環境適応の

ために組織の戦略性を追求する活動が起点になります。それは，**イノベーション**と**組織変革**を生み出す活動です。しかし，計画的な活動が予定どおり遂行されるとは限りません。外部環境の激化や競争関係との協調戦略など，組織は多様な人間の創発性を追求する活動をどのように生み出すかが重要な決め手になります。

組織研究の発展系譜である，①**合理性**の追求（1900年代から1920年代頃），②**人間性**の追求（1920年代から1930年代頃），③**協働**システムの追求（1940年代から1950年代頃），④**意思決定**システムの追求（1950年代から1970年代頃），⑤**状況適応**システムの追求（1960年代から1970年代頃），⑥**組織化**システムの追求（1970年代から1980年代頃），⑦**組織の戦略性**の追求（1980年代から2000年代頃），⑧**組織の創発性**の追求（1990年代から2010年代頃）は，現代組織の成長・発展・進化に向けて，持続性を保証する理論といえるでしょう。

なお，ハッチらの組織論のパースペクティブでは，①合理性の追求，②人間性の追求，③協働システムの追求は，伝統的組織論の研究として**前史**に位置づけられています。④意思決定システム，⑤状況適応システムの追求は，**モダン**に位置づけられています。また，⑥組織化システムの追求は，**シンボリック**に位置づけられています。ハッチの組織論パースペクティブでは，**ポストモダン**を，文化論や美学を取り入れた哲学的な視点からとらえています。本書で，組織論の展開を，⑦組織の戦略性の追求，⑧組織の創発性の追求としていますが，多様な認識，解釈，理解が生み出されたという意味において，ポストモダンとしての位置づけが考えられます。

これら3つの，どのパースペクティブで組織をとらえるのかによって，分析の結果も異なります。組織研究は，集団と人間の活動がその原点にあり，3つのパースペクティブのすべての視点から，それぞれの理論や組織現象をとらえることが極めて重要です。また，マクロ組織論とミクロ組織論の境界も存在するわけではなく，マクロとミクロの2つの組織論を統合する視点も重要です。このように，組織研究は，それぞれの階層のメンバーや，外部組織のメンバーとの協働による，開かれた社会の研究です。

第1章　組織研究のアプローチ

■章末問題■

1．科学的管理法や管理過程論の合理性の追求が，現代の企業活動のどのような場面において活用されているのか，具体的な事象を調査してください。
2．ホーソン実験の結果から得られた人間性の追求の研究成果は，現代企業の人事制度で具体的にどのような施策として活かされているのか調査してください。
3．組織の定義は多様ですが，企業組織以外の組織体にはどのようなものがあるのか調べてください。
4．企業組織が持続的に成長と発展を遂げるには，組織の戦略性の追求と創発性の追求というパラドキシカルな組織を，どのような方法でマネジメントしていくのが有効でしょうか。
5．企業の組織体と，企業以外の組織体の大きな違いは何でしょうか。また，共通することは何でしょうか。
6．組織の境界を越えて，外部組織間の提携やM＆A（合併・買収）が進展するなかで，創発的な組織づくりをするために必要な要件とは何でしょうか。

さらに理解を深めるための参考文献

・北野利信［1977］『経営学説入門』有斐閣新書．
・大月博司・藤田誠・奥村哲史［2001］『組織のイメージと理論』創成社．
・上野恭裕・馬場大治編著［2016］『（ベーシックプラス）経営管理論』中央経済社．

第2章 組織研究の対象と発展

POINT

1. オープン・システムとしての組織について，環境，組織，個人の3つのレベルから，それぞれの関係性について説明してください。
2. マクロ組織論において，次の2つの要素の関係性について説明してください（組織形態と組織能力，組織文化と組織学習，組織進化と組織変革）。
3. ミクロ組織論において，組織，集団，個人の関係性を，モチベーション，コミットメント，リーダーシップという用語で説明してください。
4. マクロ組織論とミクロ組織論を統合するため，どのような考え方が必要であると思いますか。キーワードをあげてください。

Key Word

組織形態，組織能力，組織文化，組織学習，組織進化，組織変革，制度化の理論，組織化の理論，オープン・システム，クローズド・システム，機械的組織，有機的組織，組織の境界，ルース・カップリング，モチベーション，コミットメント，リーダーシップ，ステークホルダー

Summary

　本章では，組織研究の分析対象とその発展，多様な組織のとらえ方について解説します。第Ⅱ部の組織研究の系譜から，現代の企業組織の理論として，第Ⅲ部のマクロ組織の理論と，第Ⅳ部のミクロ組織の理論とのつながりとその関係について説明します。

　環境適応のためオープン・システムとしての組織という視点から，組織の境界はどこにあるのかを検討します。さらに，環境適応のための組織の柔軟性を高めるため，組織をマクロレベルとミクロレベルに区分して考察を深めます。なお，マクロレベルでは，外部環境への組織適応にかかわるテーマを議論し，ミクロレベルでは，人間個人の組織適応にかかわるテーマを議論します。

第Ⅲ部マクロ組織の理論では，組織形態と組織能力，組織文化と組織学習，組織進化と組織変革について解説します。第Ⅳ部ミクロ組織の理論では，モチベーション，コミットメント，リーダーシップについて解説します。

マクロ組織の理論とミクロ組織の理論において，それらを結びつける要因は何かについて考察することが重要です。しかし，観察が困難で可視化できるような現象ではないことが少なくないでしょう。また，複雑な組織の仕組みや多様な個人の価値観などが，相互に絡み合っています。そのため，時間展開のなかで，それらの要因が常に変化し変容しています。

組織研究の系譜から得られた理論をベースに，人間個人の組織適応にかかわるテーマを扱うミクロレベルの理論と，組織の外部環境への適応にかかわるテーマを扱うマクロレベルの組織論に区分して解説をします。最後に，企業組織の社会における持続性に必要な要因について，ミクロ組織論とマクロ組織論の統合に向けて，新たな組織モデルについて議論を深めます。

1 組織研究の分析対象：マクロレベルとミクロレベル

経営組織研究の発展系譜から，現実の組織を理解するため，マクロの視点とミクロの視点の両側面から考察を深めます。

通常，経営組織の研究において，組織の分析レベルには，次の4つのレベルがあるとされています。第1は，**組織のなかの個人**，第2は，**組織のなかの集団**，第3は，**組織それ自体**，第4は，**組織の組織（組織間関係あるいはネットワーク組織）**です。

ダフトとスティアーズ（Daft, R. L. and Steers, R. M., 1986）の『組織－マクロ／ミクロ・アプローチ』によれば，**マクロ組織論（macro organization thoery）**と呼ばれる理論は，第3の組織それ自体と，第4の組織の組織（組織間関係あるいはネットワーク組織）を主な分析単位としています。一方，**ミクロ組織論（micro organization theory）**あるいは，**組織行動論（organizational behavior）**と呼ばれる理論は，第1の組織のなかの個人と，第2の組織のなか

第Ⅰ部　組織研究の基礎と全体像

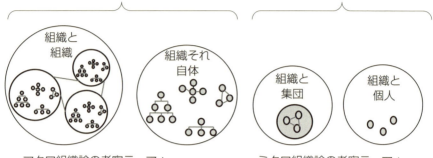

図2-1■組織研究の分析対象：マクロレベルとミクロレベル

出所：筆者作成。

の集団を主な分析単位としています。

マクロ組織論は，外部環境との接点から，組織それ自体と，組織と組織の関係から組織活動を考察します。組織の進化と変革に焦点を合わせ，具体的なテーマとして，**組織形態と組織能力**，**組織文化と組織学習**，**組織進化と組織変革**を取り上げます。ミクロ組織論は，組織のなかの個人と集団の行動を考察します。組織の人間の行動に焦点を合わせ，具体的なテーマとして，**モチベーション**，**コミットメント**，**リーダーシップ**を取り上げます（**図2-1**）。

2　オープン・システムとしての組織

組織を環境との接点からとらえると，両者には何らかの相互作用がある一種のシステムとしてとらえることができます。**システム**は，**部分**と**全体**から構成されており，**分化**と**統合**を繰り返しながら進化を遂げています。環境と無関係なシステムは，クローズド・システムと呼ばれます。一方，環境と相互作用する関係のシステムは，オープン・システムと呼ばれます。

図2-2 ■オープン・システムとしての組織

出所：田尾［1999］p.17を筆者加筆。

　オープン・システムとしての組織は，外部環境に適応するために，**インプット**，**変換プロセス**，**アウトプット**の３つから成り立っています（図2-2）。内部環境だけではなく，外部環境も含め，インプットとアウトプットを含めた，内外の要因が相互に依存しあい影響を与えます。それが，オープン・システムとしての組織です。

　オープン・システムとしての組織において重要な視点は組織の内と外を区別する境界をどこで設定するのかという問題です。組織がオープンであるほど，外の境界との関係における阻害要因を取り除いておかねばなりません。外部環境には，**ステークホルダー（利害関係者）**や，**組織間関係**を構築する外部組織も含まれます。このような外部環境のすべてから信頼される関係を日常的に築いておくことが望ましいのです。外部環境との境界をめぐる関係であり，**境界関係（boundary spanning）**と呼ばれています。

　外部環境の変化が激しい状況では，不確実性が増大するため，多くの外部組織のなかから有効な協力関係を迅速に築くことが重要です。外部環境も含めた**経営資源**の要素を組み合わせてインプットし，製品，サービス，ノウハウ，ブランド，システムなどのアウトプットに交換するプロセスとして機能するのが組織です。そのため，クローズドな組織からオープン・システムとしての組織が良い成果を生み出すものと考えられます。

2.1 組織の境界

　組織を取り巻く環境のことを，一般的に外部環境と呼ぶ場合が少なくありません。しかし，組織の境界を広げるならば，外部環境ではなく，**境界環境**であり，場合によっては内部環境として受け取ることも可能でしょう。不確実性が高まるほど，**組織の境界**を広げることは，組織の生産性や効率を高めると考えられます。機械的組織から有機的組織であるほど，オープン・システムとしての組織は機能します。組織の境界付近，つまり現場で行われている活動に従事する組織メンバーの情報や判断が重要になるのです。

2.2 組織の柔軟性

　オープン・システムとしての組織は，環境変化に柔軟に適合しなければなりません。**トンプソン**（Thompson, J. G., 1967）によれば，組織の合理性は中核的な技術をもつことであり，**ダフト**（Daft, R. L., 1978）によれば，**技術核**（technical core）と**管理核**（administration core）をもつことです。技術核は環境の影響を受け対応に追われることもありますが，管理核はその影響が少なく，組織独自の方針で行動を決定するというものです。**ワイク**（Weick, K. E., 1976）によれば，官僚制組織のように，組織の下位単位が**タイト**（tight）に結合しあった組織に対して，**ルース**（loose）な構造をもった組織を考えました。**ルース・カップリング**の組織であり，環境変化が激しいなかでは，個々の独自性や自律性を保ちながら，下記単位の組織が互いに依存しあっている組織の有効性を指摘しています。

3　マクロ組織の理論

　組織の環境適応について，組織それ自体，組織と組織の関係に照準を合わせて論じていきます。最初に，**基本的な組織構造**を整理したうえで，より環境変化に適応する組織形態について理解を深めます。基本的な組織構造とは，**機能

別（職能別）組織，事業部制組織です。さらに，**カンパニー制**や**持株会社制**について紹介します。ここでは，**組織構造**をorganizedされた比較的長期間にわたって機能する**組織図**としてとらえます。一方，**組織形態**をorganizingされる比較的短期間で形成されて修正されるプロジェクト組織のような形態としてとらえます。環境適応のための組織として，後者の組織形態に照準を合わせます。

3.1 組織形態と組織能力

組織構造と組織形態から，競争優位の組織能力が形成されます。**組織能力**は**経営資源**との関係において，経営戦略の分野で1990年以降，盛んに研究が進められてきました。**資源ベース・アプローチ（Resource Based View：RBV）**や，**能力ベース・アプローチ（Competence Based View）**と呼ばれる研究です。実務界においても，コア・コンピタンス，ケイパビリティという用語で浸透してきました。

一連の組織能力の形成には，組織構造，組織形態が深く関係していると考えられ，組織の有効性を生み出すためには，**組織デザイン**という概念も注目されるようになりました。組織形態と組織能力，さらに組織デザインについては，第10章で詳しく説明します。

3.2 組織文化と組織学習

1980年代初頭の日本企業の躍進と，欧米企業の定量データ分析アプローチの行き詰まりなどから，企業風土，企業文化，または，組織風土，組織文化と呼ばれる概念に注目が集まりました。優れた成果を生み出す企業や組織には，風土や文化に何か独自の特徴があるのではないかという関心からです。

経営組織論の用語として，**組織文化**という用語に統一して説明を進めることにします。組織文化は，組織形態から組織能力を形成する土壌であると位置づけられます。組織デザインにおけるさまざまな要因や変数を，組織メンバーやかかわる多くの人が同じように認知することと考えられます。その結果，判断や行動の枠組みが形成され，暗黙の了解として人びとが受け入れた状態，つま

り組織風土となって，やがて組織文化が形成されます。

組織形態と組織能力，さらに組織文化との関係から，事業活動そのものを促進させている，組織学習について考察を深めることが重要です。**組織学習**は，多様な組織メンバー間での相互作用を通じ，新たに競争優位となる組織能力や知識を創造するプロセスであると定義できます。この組織学習を組織能力と知識として記憶させるためには，マクロ組織論にかかわるさまざまな要因が関係してきます。例えば，創業者の理念，企業家の機能，経営理念の機能，組織形態，組織デザインとの関係です。しかし，組織学習の主体となるのは，あくまでも，個人の主体的な学習行動であるため，組織と集団レベルや，組織と個人レベルの分析を中心とするミクロ組織論との考察を絡める必要があります。組織文化と組織学習は，第11章で詳しく説明します。

3.3　組織進化と組織変革

オープン・システムとしての組織は，環境変化への適合のため，常に**組織変革**を行うことが重要です。技術革新を中心とした**イノベーション**によって，組織形態に変化を生じさせる場合もありますが，事業活動それぞれの機能である，研究開発，生産製造，営業販売，経営管理など，個々の部門によるイノベーションもあります。組織変革とは，一般的に組織改革と呼ばれる，組織構造の変更，組織図の部分的な変更，人員配置の変更ではなく，組織形態，組織能力，組織文化，組織学習なども含めた抜本的な取り組みです。その意味では，**戦略と組織のイノベーション**ともいえます。

組織進化を検討するうえで，**組織のライフサイクル・モデル**は，有効な組織研究の視角を与えてくれます。グライナー（Greiner, L. E., 1972）は，組織の**年齢（Age）**と**規模（Size）**が組織の成長を規定する重要な次元であると考えました。**進化（Evolution）**と**革命（Revolution）**が繰り返される5段階に区分した成長モデルを提示しています。組織の成長段階や成長プロセスにおいて，それぞれの組織特性があり，組織進化プロセスが体系的に整理されています。グライナーとクインとキャメロンの組織のライフサイクル・モデルに立脚し発

展させた**ダフト**（Daft, R. L., 2001）の組織モデルは，企業の成長段階と発展要因の両面から，それぞれの段階ごとの要因を実証研究したうえで，組織が対処すべき課題についても整理されています。

組織変革の研究においては，マクロレベルとミクロレベルの視点から体系的に整理する必要があります。マクロレベルでの組織変革とは，他社との**業務提携**や**M&A（合併・買収）**などの組織外部との関係からの視点です。第2のミクロレベルの組織変革とは，組織行動レベルの組織内部を考察する視点です。組織進化と組織変革は，第12章で詳しく説明します。

4 ミクロ組織の理論

ミクロ組織の理論は，組織のなかの個人と，組織のなかの集団に注目します。組織行動論や行動科学として，1970年代頃から盛んに研究が進められてきました。企業組織のマネジメント教育や教育研修として，実務的な立場からの研究も数多く見られました。例えば，マネジメント教育においては，2つの側面から進められてきました。第1は，**目標による管理制度**の導入です。職場の問題解決や課題形成，仕事の流れにおける**ボトルネックの解消**など，仕事に対するマネジメント・システムの運用方法を向上させる取り組みです。第2は，人に対する**マネジメント能力**の養成です。評価のフィードバックの方法，上司と部下の仕事コミュニケーションの向上，部下の育成と**モチベーション**管理，**コンフリクトの解消とリーダーシップ能力**の養成などです。そのなかでも，ミクロ組織論における次の3つの要因が核になります。それは，モチベーション，コミットメント，リーダーシップです。

4.1　モチベーション

モチベーションとは，ある課題に対して，人がやる気を高めて，積極的に行動を起こそうとする気持ちのことです。モチベーションは，バーナード（Barnard, C. I., 1938）が既に指摘していた，従業員である個人が行動を起こそ

うとする心的要因としての動因のことでもあります。動因を刺激する外的要因として誘因があるという議論がその嚆矢となっています。

　モチベーションの研究は，相手である個々の人間の欲求や価値，そして行動の研究が欠かせません。そこで，モチベーションの源泉として，人間の欲求そのものの内容を解明する**欲求理論アプローチ**と，人間のモチベーションのプロセスの考察を通して解明する**過程理論アプローチ**があります。

　モチベーションは計画段階で，相手との参画が有効であることは研究結果や実務家の間でよく知られた事実であることから，目標を共有するシステムや場面が必要になります。仕事のプロセスにおいては，コミュニケーションの能力やあり方なども深く関係してきます。さらに，一連の仕事における活動の評価では，正当で公平なフィードバックが欠かせません。組織のマネジャーを中心とする，外的要因であり，対象となるメンバーへの**外発的動機**づけとなる誘因です。しかし，最も強く持続的な動機づけは，**内発的動機**づけです。モチベーションの研究は，第13章で詳しく説明します。

4.2　コミットメント

　コミットメントの研究は，組織理論の立場からはモチベーションと同様に，メンバーの仕事やプロジェクトへの参画と，能力発揮による組織成果の最大化を図る目的で研究が進められてきました。コミットメントを図るためには，阻害要因として，メンバーのモチベーションの低下や，メンバー間や集団間のコンフリクト（対立）状態があります。これらの要因を解消することも，コミットメントの機能的な研究です。

　仕事やプロジェクトへのコミットメントで，もっとも有効な手段として，経営理念やビジョンに組織メンバーが共鳴し，行動に結びつけるという考え方があります。経営理念の浸透を主テーマにした研究が，2000年以降，数多く見られるようになりました。1980年代盛んであった，組織文化と組織成果の関係解明に照準を合わせる研究からの流れです。

　仕事の仕組みとしての，目標による管理制度や，人材開発施策や教育研修，

OJT（On the Job Training）だけでは，組織メンバーの強いコミットメントは十分ではありません。外的要因としての**報酬**制度や**インセンティブ・システム**を整備することで，コミットメントが得られるわけではありません。

マウディら（Mowday, R.T. et al., 1982）は，コミットメントのメカニズムを解明するため，**態度的コミットメント**と**行動的コミットメント**に分けて，研究を深めてきました。マイヤーとアレン（Meyer, J. P. and Allen, N. J., 1991, 1997）は，**功利的－情動的**，**態度的－行動的**，という視点を統合して3つの要素からなる**組織コミットメント**を提唱しました。コミットメントの研究は，第14章で詳しく説明します。

4.3 リーダーシップ

組織メンバーのモチベーションを高め，コミットメントを強めるためには，やはり，トップやミドル層のリーダーシップのあり方が決め手になってきます。

伝統的リーダーシップ研究と系譜における**特性追求的研究（古典的アプローチ）**，**類型追求的研究（行動アプローチ）**，そして，**状況追求的研究（コンティンジェンシー理論）**から見えてきた理論とはどのようなものでしょうか。現代組織に適用可能かどうか検討する必要があります。現代のリーダーシップ研究の進展と各理論において，**カリスマ型リーダーシップ**と，**変革型リーダーシップ**の研究が進められ，リーダーの特性論の再評価もされています。

同じ変革型リーダーに位置づけられますが，特性論とは対極にあるリーダーシップの理論に，制度的リーダーシップがあげられます。**セルズニック**（Selznick, P., 1957）が指摘する**制度的リーダーシップ**です。トップが主体となって組織全体に重要視している価値を投入し，組織メンバーの行動のベクトルを合わせるリーダー行動のことです。そこでは，①制度の設定，②制度による目的の具体化，制度の一貫性を保つこと，③内部コンフリクト（対立）の解消を図ることです。その結果，制度は組織メンバーの意思決定や行動の基準となります。

現代のリーダーシップの研究は，**フォロワーシップ**との関係からとらえるこ

とが重要です。複雑性が増してくるなかで、組織がさらに発展するために必要とされるのは組織変革です。変革を永続的に実現するためには、**ビジョンを共有**して、社員の能力を引き出し、**組織学習**を促進するリーダーが求められます。フォロワーとの相互依存的な関係や、**権威の受容**(けんい)(じゅよう)だけでなく、積極的にフォロワーの信念や価値を、自らが望む方向に入れ換えようとします。とくに、組織の変革期には、この**変革型リーダー**の出現が求められます。これらのリーダーシップの理論は、第15章で詳しく説明します。

5　ミクロレベルの組織論とマクロレベルの組織論の統合に向けて

　ミクロレベルの組織論では、個人と個人、個人と集団、個人と組織の関係を主な考察対象としています。一方、マクロレベルの組織論では、集団と集団、組織と組織、外部環境と組織の関係を主な考察対象としています。ミクロレベルとマクロレベルの隙間にこそ、考察対象とすべき重要な要素が隠されています。したがって、マクロレベルの組織論で取り上げる項目と、ミクロレベルで取り上げる項目の関係性に注目することが極めて重要です。組織の社会との関係、組織とステークホルダーとの関係、外部組織と競争関係から協調関係、組織の外部環境への境界をどのように認識するかなど、検討課題が残されています。

　ミクロレベルの組織論は、組織と集団の関係、集団と個人の関係、個人と個人の関係、組織と個人の関係から、その行動のメカニズムを明らかにすることです。ここでの主なテーマは、モチベーション、コミットメント、リーダーシップです。モチベーションに関連する議論として、キャリア、インセンティブなどの設計にかかわるテーマです。コミットメントに関連する議論として、コンフリクトの解消、ビジョンの共有にかかわるテーマです。リーダーシップに関連する議論として、イノベーション、企業家機能、フォロワーシップにかかわるテーマです。

一方，**マクロレベルの組織論**は，外部環境への適応のため，組織の境界の認識，外部組織との組織間関係，競争から協調戦略の採用など，オープン・システムとしてのテーマが中心になります。組織構造から組織形態，そして組織デザインにかかわるテーマと，そこから生み出される競争優位の組織能力にかかわるテーマです。企業組織の持続性と健全性のためには，組織文化と組織学習のメカニズムを明らかにする必要があります。さらに，組織進化を遂げ続ける要因は何かについて考察を深めていきますが，イノベーションによる組織変革について焦点を合わせます。

ミクロレベルの組織論とマクロレベルの組織論は，外部環境を組織の境界を限りなく広げてとらえることです。また，外部組織との組織間関係を深める活

図2-3■ミクロレベルとマクロレベルの組織論－その統合に向けて－

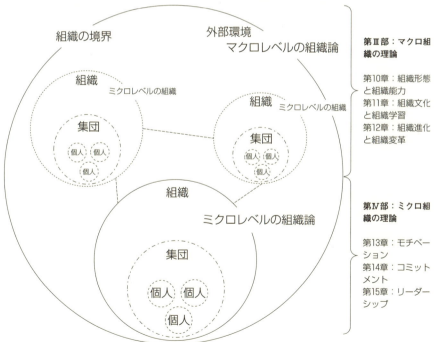

出所：筆者作成。

動によって，結節し結合され，**企業組織の持続性と健全性**として統合されるものと考えられます。

　現代社会において，組織の非効率や不正などがもたらす，さまざまな失敗や課題を解決しなければなりません。一部の個人や，組織の部分的な問題に責任を起因させてはなりません。社会に環境に開かれた組織をどのように創りあげるかは，これらのミクロ組織論とマクロ組織論を統合する視点が極めて重要になるのです。

■章末問題■

1. クローズド・システムの組織と，オープン・システムの組織の，それぞれの特徴を整理してください。
2. 企業がM&A（合併・買収）など，他組織との組織間関係を図るうえで，重要な視点と意思決定の基準について調べてください。
3. 組織が柔軟性を生み出すために，どのような取り組みが必要でしょうか。技術核と管理核というキーワードで，事例研究をしてください。
4. 産業や業種によって組織文化がどのように異なるのか調べてください。
5. 組織構造，組織形態，組織デザインという用語の違いについて定義し，企業組織ではどのような使われ方をしているのか調べてください。
6. 競争優位の組織能力が形成される要因は何でしょうか。主に，どのような組織構造，組織形態，組織デザインが有効でしょうか。
7. 内発的動機づけは，外発的なインセンティブ・システムで，誘発することは可能でしょうか。
8. ミクロレベルの組織論とマクロレベルの組織論を検討するうえで，それらをつなげるためにどのような組織論が必要か考えてください。

さらに理解を深めるための参考文献

- 二村敏子編著［2004］『現代ミクロ組織論－その発展と課題』有斐閣.
- 開本浩矢編著［2014］『入門組織行動論〈第2版〉』中央経済社.
- 岸田民樹編著［2009］『組織論から組織学へ－経営組織論の新展開』文眞堂.
- 大月博司・髙橋正泰［2003］『経営組織』学文社.

第Ⅱ部
組織研究の系譜

　組織研究の系譜について，その代表的な理論を時代順にその重要なポイントを整理します。
　第3章では，伝統的な組織と管理の理論として，①合理性の追求と，②人間性の追求を合わせて紹介します。テイラーの科学的管理法とファヨールの管理過程論，そして，ホーソン実験に代表される人間関係論です。
　第4章では，組織成立の3要素，誘因-貢献理論，有効性と能率のロジックなど，③協働システムを追求する，バーナード組織論の内容について紹介します。
　第5章では，サイモンの制約された合理性を中心に，④意思決定システムの追求の内容について紹介します。
　第6章では，オープン・システムとしての組織を，機械的管理と有機的管理，分化と統合の説明により，コンティンジェンシー理論を中心に，⑤状況適応システムの追求について紹介します。
　第7章では，組織化のプロセスを，ワイクの相互行為の特性，マーチのルーティンの体系を取り上げ，⑥組織化システムの追求を紹介します。
　第8章では，コンティンジェンシー理論が環境決定的な分析視点に立っているという限界を指摘した理論を解説します。それは，⑦組織の戦略性を追求する経営戦略論の発展です。マイルズとスノーが指摘した，環境決定的な分析視点ではなく，環境選択的な分析視点です。
　第9章では，組織の合理的で計画的な活動だけではなく，組織の非合理性を取り込んだ事業活動に求められる，⑧組織の創発性を追求するアプローチについて紹介します。

第3章 合理性と人間性の追求

POINT

1. テイラーの科学的管理法は，フォード・システムなどに適応され，高い生産性を実現しました。その主な特徴を整理してください。
2. ファヨールの管理過程論は，現代の企業組織において仕事を効果的に進めるためのPDCAサイクルと関連があるのか考察してください。
3. 伝統的管理論における人間観と，ホーソン実験の結果から得られた人間観の相違点をあげてください。
4. 合理性の追求と人間性の追求によって，組織研究がどのように進展していったのか，その内容を整理してください。

Key Word

テイラー，科学的管理法，成行管理，組織的怠業，タスク（課業），差率出来高賃金制度，職能的職長制度，フォード・システム，ファヨール，管理過程論，管理の原則，管理の要素，人間関係論，ホーソン実験

Summary

合理性の追求について，科学的管理法と経営管理論を紹介します。人間性の追求については，ホーソン実験から明らかになった人間関係論を紹介します。これらは，伝統的管理論と呼ばれていますが，現代社会においても組織活動の基盤となっています。

伝統的管理論は，作業と仕事，そして人間の活動を管理するうえで，組織活動の秩序を維持する基盤になる考え方です。ここでは，次の2つに分けて説明をします。

第1の伝統的管理論は，テイラーの科学的管理法とファヨールの管理過程論を取り上げます。ここでは，科学的管理法と管理過程論を現代企業の事例で解説します。また，T型フォードの生産へとつながったフォード・システムを取り上げ

第3章 合理性と人間性の追求

> る一方，伝統的理論モデルの限界について解説します。これらは，作業と仕事の管理の方法です。その後，組織の発展にともなって，管理を有効にするための組織構造や組織形態の追求につながっています。
>
> 　第2の伝統的管理論は，ホーソン実験と人間関係論を取り上げます。伝統的組織論の課題から人間関係論について理解を深め，近代組織論，ミクロ組織論，人的資源管理研究への発展過程を解説します。これらは，人間の活動の管理を有効に行うために重要な視点を提供しました。同時に，組織のなかの人間を尊重する組織制度や組織文化の追求につながっています。

1　科学的管理法

　科学的管理法とは，テイラー（Taylor F. W., 1911）によって提唱された，工場における労働者の客観的管理法のことです。アメリカ経済が南北戦争のあとで，急速な工業化を遂げました。わずか半世紀ばかりの間にヨーロッパの先進工業国を抜いて世界最強の工業力をもつに至りました。無秩序に生産規模を拡大していった企業では，経営者の目がすみずみまで行き届かなくなります。いわゆる内部管理の問題でした。また，職を求めて都市に流入してきた未熟練労働者の間では，貧富の差などに対する不満や慢性的な失業に対する不安が広がっていました。そこで，企業内部の深刻な業務管理の問題に対して基本原理を提供する必要があったのです。

1.1　科学的管理法の登場

　科学的管理を考案するにあたってのテイラーの問題意識は，科学的根拠に基づかない「**成行管理**」の改善でした。つまり，成行管理の下で生じていた労働者たちの意図的なサボリ行為である「**組織的怠業**」の克服にありました。テイラーが目にしたのは，経営者の目を盗んでは職場ぐるみで仕事を怠ける労働者の姿でした。テイラーは厳格なプロテスタント的勤労観を身に着けた家庭で育ったことから，こうした光景に生理的嫌悪感をもっていたと考えられます。

33

作業目標が明確にならない状況において生じていた集団的サボタージュを，**タスク（課業）管理**の概念を用いて克服しようと試みたのです。

1.2 科学的管理法の組織制度

テイラーは，作業員の職務はできる限り特化されるべきであると考えました。そのために，**作業指図票**(さぎょうさしずひょう)を作成し，それに沿って極力自らのやり方を工夫せずに作業できるようにしました。管理監督者にも，**職能的職長制度**(しょくのうてきしょくちょうせいど)という仕組みを作り，ひとりで大勢の作業員を指導監督するのではなく，各専門に分化された職能ごとに職長を設けるべきであると主張したのです。この組織体制は，階層的な組織を作り，トップの権限をマネジャーに委譲する考え方につながります。

またテイラーは，課業管理により，作業員のやる気を高めるインセンティブ制度の仕組みを作り上げています。**差率出来高賃金制度**(さりつできだかちんぎんせいど)と呼ばれる仕組みです。仕事がどれだけ目標に達成したのか，出来高に応じて賃率に差を設け，作業員のモチベーションを高めようとしたのです。

テイラーの科学的管理法は，作業の管理に焦点を合わせる取り組みでしたが，職能的職長制度や差率出来高賃金制度は，組織研究の嚆矢(こうし)ともいえるでしょう。

1.3 科学的管理法の普及

作業の標準化は，みずからの創意工夫が求められる計画的な仕事を，現場労働者から徹底的に取り除くことをともなうものでもありました。そして，大量の未熟練労働者でも，作業の標準化によって生産性を上昇させることが可能となりました。計画部と呼ばれる部署で設定された規則に従いさえすれば，技能や知識を有していなくとも，作業を効率良く行うことが可能となったからです。

この原理を生産システムに適用したのが，**フォード・システム**です。標準化された単純作業がベルトコンベアーで結合され，最終的に単一の生産物が大量に生産されることとなりました。工場内のあらゆる作業がベルトコンベアーの速度に合わせて正確に遂行されている限り，高い生産性の実現が可能になりま

す。

　計画部で設定された規則に現場労働者を従わせていくというやり方は，労働者の自由裁量を徹底的に排除する一方で，管理監督者のコントロールを強化するものです。しかし，フォード・システムのような複雑な生産システムを稼動させるためには不可欠です。アメリカの自動車会社であるフォード社ハイランドパーク工場において，**T型フォード**の生産方式で科学的管理法が導入されました。

1.4　科学的管理法が残した課題

　個々の労働者には，決められたことを機械のように正確にこなしていくことが要求されます。一方，管理監督者の関心は，労働者に作業を正確に遂行させるための規律や規則の適用へと向けられ，上下関係も極めて厳格になります。このような組織は，愛や憎しみなどの個人的な感情的要素は職務を遂行するうえで排除することを要求されます。権限の階層性，専門化，非人格化，規則・手続きの体系化などにより目的を達成する**ウェーバー**（Weber, M., 1922a）の
官僚制（bureaucracy）に類似しています。

　テイラーの科学的管理法の影響は，作業合理化のための工業的実験を超えて，企業合理化による社会運動へと性格を変えて発展することになりました。その結果，テイラーが社会的使命を自負すればするほど，労使双方の感情的反発が高まりました。皮肉にも，1911年には，議会に科学的管理法を調査する特別委員会が設けられ，テイラーは参考人として呼び出されてしまうことになりました。その後，次第に科学的管理法の技術的側面から，精神的側面へと自説を弁護することに明け暮れるようになりました。

　テイラーは「**科学的管理の本質**は〈対立からハーモニーへ〉と〈**経験から科学へ**〉の二者からなり，この一つが欠けてもそれを科学的管理とは呼ばない」と証言しています。科学的管理法は，経験から科学への側面に重きを置いて伝えられてきました。しかし実は，作業労働者と管理監督者が，対立からハーモニーへ至る道筋を切り開こうとしたものと考えられます。

2 経営管理論

ファヨール（Fayol, J. H. 1917）は，業務組織全体の経営管理という問題に取り組みました。テイラーは，生産現場の作業管理に終始したのに対して，ファヨールは，企業が従事する管理にかかわる活動について，理論的な枠組みを提供しました。フランスの炭鉱技師，所長を経て代表取締役社長に就任して経営を行ってきた経験から，管理を成り行きではなく科学的に体系化したのです。

2.1 管理機能の役割

ファヨールは，企業の**管理機能**の役割について次の6種類に分類しました。①技術活動（生産，製造，加工），②商業活動（購買，販売，交換），③財務活動（資本の調達と運用），④保全活動（財産と人員の保護），⑤会計活動（在庫調査，貸借対照表，原価計算，統計など），⑥管理活動（予測，組織，司令，整合，および統制）です。

ファヨールは，これら6種類に分類した管理機能の役割について，機械や材料や，そして製品や財産などのお金は，すべて人が管理しているものであり，人による管理機能の役割が重要であることを見抜いていたのです。当時の近代化し規模が拡大する産業界では，こうした管理機能の重要性はまったく認識されていませんでした。そのような背景から，経営者が思いつきで経営を行うのではなく，一般的経験によって検証され確認された原則によって経営管理を行うことの合理性を追求したのです。

2.2 管理の原則

ファヨールは，**管理の一般的原則**として次の14をあげています。①分業，②権威と責任，③規律，④司令の統一，⑤指揮の統一，⑥個人利益の全体利益の従属，⑦従業員の報酬，⑧集権，⑨階層組織（ハイアラーキー），⑩秩序，⑪公正，⑫従業員の安定，⑬イニシアティブ，⑭従業員の団結，です。管理の原

則の14の項目は，組織の仕組みづくりでもあり，いかに管理と組織を連動させるかが重要であることが分かります。

ファヨールは，原則という言葉を使用していますが，原則の適用は企業が置かれている多様な状況や変動要因によって異なるとしました。ファヨールは，原則が適用されるべき条件については，必ずしも分析を行っているわけではありませんでした。

現代において，次に紹介する管理の要素分析は，経営活動を遂行するうえにおいて有効な考え方であることから，広く知られるようになりました。

2.3 管理の要素分析

ファヨールは**管理要素**を次の5つに分析しました。①予測すること，②組織すること，③司令すること，④整合すること，⑤統制すること，です。これらの管理要素がどのような順序で実行されるかについて，ファヨールはとくに言及しているわけではありませんが，その後の研究者は，管理機能をこれらの順序で循環的に管理するものとみなすようになり，**管理過程論**と呼ばれるようになりました。

ただし，管理過程に含まれる要素は，時代の移り変わりによって変化してきました。今日では，①予測は，計画（Plan），②組織と③司令は，実行（Do），④整合と⑤統制は，評価（Check）と改善（Act）など，PDCAサイクルとして広く管理の実務として認識されるようになりました。例えば，③司令は人員選考と教育訓練，④整合は動機づけとコミュニケーション，⑤統制はリーダーシップとコミットメントなど，人間尊重の姿勢へと管理の要素も移り変わりました。管理過程の根底は，**支配**（power）ではなく**管理**（management）に基づく考え方です。

3 人間関係論

伝統的組織モデルの実質非合理的側面が明らかになるにつれて，以下のよう

な認識が普及してきました。働く人の立場の組織構成員たちは，感情や自己目的を有する生ける人間であることを忘れてはならないということでした。これまでは個々人がもつ非合理な感情として片づけられてきた心理的要因こそが，組織目的の達成と大きなかかわりをもつという点です。このことは，レスリスバーガーとディクソン（Roethlisberger, F. J. and Dickson, W. J., 1939），メイヨー（Mayo, E., 1945）らによってまとめられたホーソン実験の結果からも明らかにされています。

3.1　ホーソン実験

ホーソン実験は，シカゴにあるウエスタン・エレクトリック会社のホーソン工場で1924年から本格的に行われ，1932年まで長期間にわたる実験です。

3.1.1　ホーソン実験(1)：照明実験

この実験は照明と作業能率との関係に関するもので，1924年の11月から1927年の4月にかけて実施されました。

この実験は3期に分けて実施されましたが，その結果から，照明と作業能率との間に特定の問題を見出すことはできませんでした。そこで，次の2つの結論に至りました。第1に，照明は作業能率に影響する小さい要因に過ぎないこと。第2に，人間に関する限り，他の諸要因を変化させることなしに，あるひとつの要因だけを変化させるような実験は不可能であることでした。しかしこの実験は，人間関係の分野におけるより一層の研究のための大きな刺激を提供するものとして広く知られるようになりました。

3.1.2　ホーソン実験(2)：リレー組み立て実験

この実験は，リレー（継電器）の組み立て作業について，選ばれた女性がおよそ35の小部品を組み上げていくというもので，テストルームの温度や湿度，彼女たちの健康状態，休憩の回数や時間などさまざまな物理的条件がテストされました。

実験の最初の1年半ぐらいの間は，作業条件の改善に従って生産能率の上昇が見られましたが，その後に，ある実験担当者の提案により作業条件を元に戻したところ，当初の予測と異なった結果が生じ，依然として生産性の上昇が見られるようになりました。

　このような結果から，調査員たちは，「人間的情況にあってはどんな小さな変化（例えば休憩時間の変更というような）すらも，およそ予期されず，また関係もないような他の変化をひき起こすことがある」ということを認識せざるをえなくなりました。

3.1.3　ホーソン実験(3)：面接実験

　実験の当初においては，質問形式の面接が試みられていました。面接者が知りたい事を質問しても労働者たちは自分の話題を語ることに終始してしまい，このような面接方式は役に立たないことが明らかになりました。そこで，労働者に自由に語らせる方式がとられるようになりました。

　この面接実験の結果明らかになったことは，次の4点です。第1は，労働者の行動をその感情から切り離して理解しえないこと。第2は，感情が容易に偽装されるものであること。したがって第3は，これを認識したり研究したりすることは，はなはだ困難であるということ。第4は，感情の表現がそれのみによってではなく，その人間の全体的状況に照らし合わせて初めて理解されうるものであることが明らかになりました。

　ホーソン工場面接実験の要点を整理すると，①労働者の感情が行動を決めていること。②感情を研究することは困難であること。③感情の表現は全体的情況で理解されうることです。この3つの特徴をふまえて，レスリスバーガーは，個々の労働者の変化に対する態度について明らかにしています。個人的経歴をとおして彼が職場に対して抱くこととなった感情（価値，希望，憂慮，期待）と変化との間の関係，変化が彼の職場における日常的人間関係の上に及ぼす影響に依拠していることの指摘です。

　以上のような結果から，レスリスバーガーは，この集団には，①仕事に精を

出しすぎてはならない（がっつき），②仕事を怠けすぎてはならない（さぼり屋），③仲間の誰かが迷惑するようなことを上長にしゃべってはならない（つげぐち野郎），④あまり他人におせっかいをしてはならない，といった基本的感情が働いていたことを指摘しています（Roethlisberger, F, J., 1941, 邦訳p.27）。

3.1.4 ホーソン実験(4)：バンク配線作業実験

　この実験は，バンク配線の選別と接続の作業を，配線工，ハンダづけ工，検査工のお互いに密接にかかわり合う3つのグループに分けて観察するというものでした。集団を1つの単位として支払われる集団奨励給制度を用いて行われたため，労働者間の協力的な生産性の上昇が期待されるものでありました。

　実際の結果，明らかになったことは次の6点です。

　第1は，集団における各個人は各自の生産高を制限していたこと。第2は，集団は経営者の標準よりもかなり低い一日の標準作業を設定していたこと。第3は，部門別生産高記録に粉飾があったこと。第4は，その粉飾は，実際の生産高と記録された生産高との間と，標準作業時間と記録された作業時間との間に存在していたこと。第5は，品質記録の分析から，それが配線工やハンダづけ工によってなされた仕事の質だけではなく，彼らと検査工との間の個人的な関係をも反映していることが分かったこと。第6は，さまざまな配線工の週平均の時間当たり生産高の差異は作業遂行能力の差異を反映したものではなかったことなどでありました。バンク配線作業実験では，作業現場には**非公式組織**が形成され，作業員の感情や態度は，公式組織による上司の命令や伝達よりも大きく影響を及ぼすことが明らかになりました。

　ホーソン実験(1)から(4)による一連の調査実験は，科学的管理法の経済人仮説という人間観から，人間の感情の論理の発見による**社会人仮説**という人間観を導き出しました。科学的管理法が組織と管理の古典理論と呼ばれたのに対して，ホーソン実験から導き出された**人間関係論**（human relations）は，新古典理論として誕生する契機となりました。

4　合理性の追求と人間性の追求の現代社会における意義

　テイラーの科学的管理法と，ファヨールの管理過程論は，作業と仕事の有効性と能率を高める画期的な方法を提示しました。現代の企業組織やさまざまな組織において，秩序を維持し成果を高めるための活動原則となっています。また，人間と集団が，社会のなかでの役割に応えようとする，いわゆるホーソン効果で明らかになったのが人間関係論です。作業と仕事の有効性と能率を阻害するのではなく，むしろ高いレベルで持続させることも可能であることが分かってきました。

　しかし，伝統的なモデルの限界も指摘されました。それは，「労働疎外」という実質非合理性からの提示です。個人的な動機を経済的な刺激のみに求め，**単純労働**を課すというやり方は，労働者の大きな反感を招きました。このような実質的側面からくる限界は，新たな組織モデルの構築を必要とすることになりました。

　伝統的なモデルには限界も指摘されましたが，1900年代から1930年代の，合理性の追求と人間性の追求は，1960年代のリーダーシップ研究において大きな貢献をもたらしました。とくにリーダーシップの行動理論の研究において，重要な2つの軸を提示することにつながっています。その2つの軸とは，**仕事志向**と**人間関係志向**，**課題達成志向**と**関係性維持志向**などに代表される区分です。

　合理性の追求と人間性の追求は，現代社会における組織活動の原理を導き発展させてきたといえるでしょう。合理性の追求は，組織構造や組織形態の有効性を常に変化させる視点や，情報化の進展による新たな組織デザインの設計など，外部環境に適応する組織づくりの基盤となっています。一方，人間性の追求は，組織制度として，人事労務管理，人材育成システム，人事評価システム，福利厚生制度など，人的資源管理の視点から，組織研究が深められてきました。このように，合理性の追求と人間性の追求は，伝統的な理論モデルですが，これらの理論を実践として基盤に置かない限り，組織は成立しないといっても過

言ではないでしょう。

■章末問題■

1. 科学的管理法は，高品質，大量生産を実現する合理的なシステムですが，現代社会の企業組織において，どのような場面で活かされているのか調べてください。
2. 科学的管理法によるフォード・システムは有名です。トヨタの生産システムの基本的な考え方について調べてください。
3. 非公式組織とはどのような組織でしょうか。公式組織と対比させて調べてください。
4. 科学的管理法の経済人仮説と，人間関係論の社会人仮説の特徴について比較してその特徴を調べてください。
5. 伝統的組織論の考え方として，合理性の追求と人間性の追求のバランスをとることで，組織は機能するでしょうか。他に必要な条件があるか考えてください。
6. 現代社会で，科学的管理法が活かされている企業組織の活動にはどのようなものがあるでしょうか。その課題についてあげてください。
7. ホーソン実験の結果，集団での仕事において，自分だけ「精を出しすぎてはならない」ことが明らかになりました。それはなぜだと考えますか。
8. ファヨールの管理過程論から得られた仕事の科学化は，PDCAサイクルとして現代もその考え方が活かされています。では，円滑にPDCAサイクルを回すにはどのような条件が必要か考えてください。

さらに理解を深めるための参考文献

- フレデリック W. テイラー著,有賀裕子訳［2009］『〔新訳〕科学的管理法－マネジメントの原点』ダイヤモンド社.
- 経営学史学会監修・吉原正彦編著［2013］『メイヨー＝レスリスバーガー 人間関係論』文眞堂.

第4章　協働システムの追求

POINT

1. バーナードは，複数の人間が協力してひとつの目的のために働く仕組みを，協働システムと呼びました。そこで取り上げられる組織の3要素をあげて説明してください。
2. 組織の成長・維持・存続のために，組織均衡のバランスをとることが重要です。誘因と貢献という用語でその関係を説明してください。
3. バーナードの人間観は何と呼ばれていますか。また，合理性の追求と人間性の追求の人間観とどのように異なるのか説明してください。
4. 協働システムを保持するためには何が重要でしょうか。有効性と能率という用語で説明してください。

Key Word

バーナード，協働システム，共通目的，協働意欲，コミュニケーション，組織均衡，有効性，能率，権威の受容，権限受容説，物的要因，生物的要因，心理的要因，社会的要因，リーダーの道徳，責任

Summary

本章では，バーナードの組織論を解説します。とくに，組織成立の3要素，誘因－貢献理論，有効性と能率のロジックなど，バーナード組織論の内容について説明します。同時に現代企業組織のマネジメントの観点から理解を深めます。

近代組織論は，バーナードにより1930年代後半に確立されました。それ以降の「組織・労働・管理」の研究に極めて大きな影響を及ぼし，今日に至っています。現代では，「組織や管理」を研究する際に，経営学や行政学など幅広い分野で普及している理論のひとつとなっています。ここではバーナードの主著『経営者の役割』を通じて，「自律人モデルの理論」の内容や特徴を概観します。なお，バーナードの理論は，具体的には，人間論→協働論→組織論→管理論として展開

されています。

　自律人モデルを根底にしたバーナードの組織研究の特徴は、協働システムという用語に収斂できます。バーナードは、組織において、個人として達成不可能、ないし困難な目的を達成するために協働を行う必要性を主張しました。そして、複数の人間が協力してひとつの目的のために働く仕組みを、協働システム（協働体系）と呼びました。

　ウェーバーの官僚制組織においては、支配の意味合いが強いのに対して、バーナードの創造的管理においては、協働システムは人間を部分として含む全体です。人間と協働システムが、有機的に相互に対応しあっています。

1　組織の3要素

　協働システムの中核に位置する「組織」とバーナードはこれを公式組織と呼び、組織とは「2人以上の人びとの意識的に調整された活動または諸力の体系」であると定義しました。

　バーナード（Barnard, C. I., 1938）は、組織を維持することが、経営者の役割であると主張しています。そして、組織を成立させるための必要かつ十分な条件として、**共通目的**、**協働意欲**、**コミュニケーション（伝達）** の3要素をあげています。組織の定義を理解するうえで重要な3要素ですので、次に詳しく見ておきましょう。

1.1　共通目的

　組織メンバー個々の、個人目的を何らかの形で統合した、組織としての目的のことをここでは共通目的と呼んでいます。人びとが協力して、意識的に調整された活動を行うためには、メンバー間に共通の目的が存在していなければなりません。

　組織としての目的は、メンバーの個人目的と必ずしも一致するとは限りませんが、少なくともメンバーの合意を得られるものである必要があります。

1.2　協働意欲（貢献意欲）

　協働意欲とは，組織メンバーの共通目的を達成しようとする意欲のことです。例えば，「忠誠心」「団結心」「団体精神」「一体感」「組織力」などとも呼ばれます。ここでいう「意欲」とは「人格的行動の自由の放棄，人格的行為の非人格化」を意味します。

　協働意欲を高めるためには，組織が，金銭的・物的誘因とともに，社会的あるいは心理的誘因を，メンバーに対して十分に供与することが必要です。

　組織目的達成のために，メンバーにとって，誘因（組織から得る価値）が組織に提供する活動としての貢献を上回らなければなりません。そうしないと，個人の協働意欲は失われてしまいます。**誘因≧貢献**の状態を保持することが，組織のメンバーの協働意欲を確保するために必要になるのです。

1.3　コミュニケーション（伝達）

　コミュニケーションとは仕事にかかわる情報の伝達のことです。組織の共通目的と組織メンバー間で，協働意欲を高める役割を果たします。意思決定や命令の適切な伝達でなければ，個々人の協働意欲は，組織全体の目的を達成するための活動につながりません。

　組織は個人の活動の集まりです。しかし，個人の活動を組織として統合する共通目的を調整するコミュニケーションが有効でなければ，組織メンバーの協働意欲も促進され，まとまりが維持できません。

2　協働意欲を高める組織均衡

　バーナードは**組織均衡**について次のように説明しています。組織均衡とは，組織に参加するメンバーにとって**誘因**が**貢献**よりも大きい状態のことを意味します。この場合，個人は組織への参加を継続する可能性が高まります。組織のなかにとどまり，働きがい（誘因）を感じ，仕事による活動（貢献）を続ける

からです。逆に，仕事による活動（貢献）が，組織のなかにとどまり，働きがい（誘因）よりも大きくなった場合には，メンバーは不満足を感じ，その組織から離脱することがあります。そこで，組織は，メンバーの誘因と貢献のバランスを図り，協働意欲を高める工夫が欠かせません。これらの活動によって，組織の維持・成長・存続も達成できるというのが，**組織均衡**（そしききんこう）の考え方です。

では，組織均衡の**誘因≧貢献**の状態を確保するためには何が重要でしょうか。バーナードは，組織均衡の状態を確保するためには，組織の有効性と能率を同時に高める必要があると主張しています。

有効性（effectiveness）とは，**組織目的**（what）の達成の度合いのことであり，メンバーに配分する誘因の原資をどれだけ獲得できるかということです。一方，**能率**（efficiency）とは，組織からの**成果配分**（how）に対する個人の満足の度合いのことであり，給料やボーナス，昇進，やりがいのある仕事などを適切に配分することです。

有効性が高められれば，組織全体の成果の原資が大きくなり，メンバー個々に配分される分も大きくなります。そうすれば能率も高められると，バーナードは考えました。これはまさに，組織均衡が達成された状態です。有効性が高まり能率が向上すると，**誘因≧貢献**の状態が確保され，組織の均衡が保持されるというものです。

3　組織均衡を保持する協働体系（協働システム）

バーナードは，個人として達成不可能，ないし困難な目的を達成するために協働を行う必要性を主張しました。そして，複数の人間が協力してひとつの目的のために働く仕組みを，**協働体系（協働システム）**と呼びました。

企業もひとつの協働体系です。協働体系としての企業は，建物や生産設備などの**物的要素**，従業員などの**人的要素**，他の企業と結ぶ取引関係などの**社会的要素**という3要素を統合した実体的な存在です。その中核をなしているのが**組織**です。

組織均衡を保持する協働体系（協働システム）組織では，自律した個人といった人間観が想定されます。バーナードは，組織を構成する個人を**自律人モデル**としてとらえ直したのです。自律人モデルとは，「人間とは，自由意思があり，自己の目的については選択力を行使して，主体的に意思決定をし，行動するものだ，という人間仮説」のことです。このように，個人を自律的に意思決定する主体としてとらえ直し，その個人の欲求充足とともに同時的に組織目標を達成しようとしました。

4　自律人モデルの人間論

バーナードは，まず人間論として，個人の人格的特性を考察しました。個人とは，①肉体的，精神的な諸力をもった物的および生物的存在であり，②各自の自由意思，動機，選択力，決定能力によって行動する心理的存在でもあり，③人間と人間との相互作用のなかで機能する社会的存在です。そして，「個人とは，過去および現在の物的，生物的，社会的要因である無数の力や物を具体化する，単一の，独特な，独立の，孤立した全体を意味する」（Barnard, C. I., 1938, 邦訳p.13）と述べています。

もちろん，これは人間の一側面を抽出した仮説です。この場合，個人の「選択力の行使」は，人間が置かれた状況として，物的・生物的・社会的要因によって制約されます。しかし，人間が自律的で主体的に活動する全人格的な人間像であるという意味において，自律人モデル（あるいは全人モデル）と呼ばれています。

自律人モデルをベースにすれば，個人が組織に参加して組織貢献するかどうかは，個人の主体的な意思決定に拠ることになります。そこで，経営者は，個人の意思決定過程に対していかに働きかけるのかが，組織の存続と維持，そして成長と発展に極めて重要になるのです。組織目標と個人欲求（動機）をいかに統合するか，組織の要求と個人の自律性をいかに調和させるかが，経営者の役割です。

5　協働システムの物的要因と生物的要因

5.1　物的要因

　バーナードによれば，協働が生まれるのは，個人ではできないことを協働ならばできる場合です。個人には**自由意志**としての目的がありますが，その目的の達成のため制約を克服する必要があります。そこで協働が生ずるのです。

　目的なくして制約および制約要因には意味がありません。バーナードは，まず協働はなぜ必要で，いかなるときに有効か，また**協働の目的**は何かを明らかにしようとしました。そこで，**協働の制約**とは何か，協働システムが不安定になる原因は何か，追求する目的に対して協働はいかなる結果を生むのかなどを考察しました。そして，協働は，個人の能力ではできないとき，2人以上でその目的が達成されるときに生ずると位置づけました。

5.2　生物的要因

　物的環境に適応する際の人間の生物的能力の制約について，次の3つをあげています。①物をもち上げたり下ろしたりする場合のような，人間エネルギーを環境に適用する際の制約（体力，肉体的適応力など），②知覚の制約（知覚力，感覚力，記憶力など），③環境を理解し環境に反応する際の制約（選択力，決定力，記憶力など）です。

　このような生物的能力の制約を克服する過程が**協働**です。生物的能力と物的環境の制約を克服することは，目的に対する手段です。仮に制約が克服しえない場合には，その目的は放棄しなければなりません。

　協働が確立されると，目的の種類と性質は変化します。**協働の目的**は，直接的なものも間接的なものもあります。また，**目的と手段**が下部に連鎖し，手段が目的になることもあり得ます。しかし，個人の目的は，協働行為のなかに分配的な過程が入ってこなければ充足されません。

協働行為の目的は，相互依存的なさまざまな種類を含みますので，個人の行動が，やがて協働の制約条件になる場合も出てきます。環境が変化することで，新しい目的が生み出されるため，協働システムは安定的ではありません。

6 協働システムの心理的要因と社会的要因

これまでは物的要因と生物的要因との関連で協働システムを考察してきましたが，ここでは，心理的要因と社会的要因を加えて協働システムを考察します。つまり，「実際の状況下で観察される協働行為」とは，心理的要因と社会的要因の両面の異なる要因を行為に統合する過程です。

6.1 心理的要因

個人は，人間関係のなかにおいて「個人の能力」と，「決断力や意欲」により評価されます。人間関係に含まれるこの2つの評価は，目的行為の場合に，次のような方法で人間行動に影響します。他人との満足な関係を作るには，①人の選択力を制限し規制するか（つまり外部状況を変えて可能性を制限するか，人の心的状況を変えて欲望を制限する），②あるいは選択の機会を広げるかのいずれかです。

他人に対する行動の際には，次の2つの形態になります。第1は，他人に影響を与える要因を変えることで彼等を操作しうる客体と見るか（個人に間接的に接近）です。第2は，欲求を満たすべき主体として見るか（個人に直接的に接近）です。

6.2 社会的要因

社会的要因は，人々との間の相互作用から生ずる要因です。例えば，協働システム内の個人間の相互作用，集団と個人との相互作用，個人に与える協働の影響力，社会的目的と協働の**有効性**（effectiveness），個人的動機と**能率**（efficiency）などの問題から生ずる要因です。

このように，バーナードは，社会的要因が協働システムの本質であると考えました。

6.3 人間と協働システム

バーナードによれば，真の管理者は人間の集団を管理することではなく，協働システムは，全体として自らを管理するものであり，その一部である管理組織によって管理されるものではないと述べています。

バーナードの管理の思想を，村田（1984）は，創造的管理論と名付け，管理とは何か，その本質を考察しています。そこで述べられている中核概念として，人間と協働システムの関係を見ておきましょう。

バーナードは，組織を協働システム（cooperative system）という言葉で表現し，協働システム自体が人間と同様に主体的な**能動活性**(のうどうかっせい)の場であると表現しています。これは，人間の能動活性は，物的要因，生物的要因，社会的要因を統合したものです（図4-1）。

図4-1■バーナードの人間と協働システム

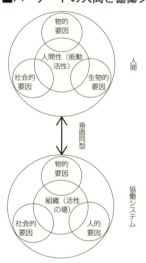

出所：村田［1984］p.54.

協働システムである組織（活性の場）も人間と同様に，物的要因，人的要因，社会的要因の有機体としてとらえられます。村田は，ウェーバーの官僚制組織においては，支配の意味合いが強く，水平同型であると指摘しています。さらに，バーナードの創造的管理においては，協働システムは人間を部分として含む全体であり，部分と全体の間の垂直同型であると述べています。人間と協働システムが，有機的に同型として相互に対応しあっていると説明しています。

7　協働システムの追求の現代的意義

バーナードは，経営者と管理者のリーダーシップの役割の重要性を明らかにするだけでなく，その機能についても考察を深めました。とくに，重要な指摘は，**コミュニケーション**と**権威の受容（けんいじゅよう）**，そして，**リーダーの道徳**にかかわる部分です。

バーナードは，上位者の権威を下位者が納得することによって成立すると考えています。それは，上位者と下位者のコミュニケーションによる権威の受容です。しかし，権威には2つの側面があることに注意しなければなりません。第1は，主観的・人格的な側面であり，個人が伝達を権威あるものとして受容するという点です。第2は，客観的・非人格的な側面であり，組織における伝達そのものの性格がコミュニケーションであるという点です。

主に権威を保有している経営者や管理者にとって，権威の2つの側面のうち，第1の主観的・人格的な側面が重要な役割と機能を果たします。それが，**リーダーの道徳**にかかわる部分です。バーナードによれば，権威は「リーダーシップと管理責任の道徳的側面に論点を集中して，組織における道徳的要因を考察すること」（Barnard, C. I., 1938, 邦訳p.271）であると述べています。リーダーシップには，体力・技能・知識など教育訓練で育成される技術的側面とは別に，決断力・不屈の精神・耐久力などの道徳的側面があります。

リーダーの道徳的側面は，「信念を作り出すことによって協働的な個人的意思決定を鼓舞するような力」（Barnard, C. I., 1938, 邦訳p.270）です。すなわち

「人の行動に信頼性と決断力を与え目的に先見性と理想を与える性質」(Barnard, C. I., 1938, 邦訳p.271)であり，これが普通に「責任」という言葉に含まれるリーダーシップの側面です。

このように，バーナードの協働システムの追求により，組織論から管理論への発展と，現代において重要な，企業家，経営者，リーダーの役割機能の研究につながっていきました。

■章末問題■

1．組織の3条件のなかで，共通目的を組織メンバー間で確認し活動に結びつけるためにはどのような活動が必要でしょうか。
2．組織均衡の，誘因≧貢献の状態を確保するためにはどのような取り組みが必要でしょうか。
3．バーナードのいう有効性と能率という概念はどのように理解すればよいでしょうか。具体的な事例をあげて説明してください。
4．組織人が行う活動は，作業，制作，業務，仕事，労働，あるいは創作などと呼ばれています。それらの表現の違いについて調べてください。
5．バーナードの自律人モデルの人間観は，経済人，社会人の人間観とどのように異なるのか。組織，仕事，人間の視点から考えてください。
6．組織目標と個人目標を統合するためにはどのような条件が必要か考えてください。
7．協働行為のなかに報酬などの分配的過程がなぜ必要なのか考えてください。
8．バーナードの協働システムは，全体として自らを管理するものです。権威の受容と自らの管理の関係について考えてください。

さらに理解を深めるための参考文献

・チェスター・I・バーナード著・山本安次郎,田杉競,飯野春樹訳［1968］『経営者の役割』ダイヤモンド社.
・経営学史学会監修・藤井一弘編著［2011］『バーナード』文眞堂.

第5章 意思決定システムの追求

POINT
1. サイモンは，意思決定における人間の心理には，さまざまな制約があると指摘しました。どのような制約があるのか説明してください。
2. 意思決定の前提には，価値前提と事実前提がありますが，それぞれの意味とその違いを説明してください。
3. サイモンは，意思決定プロセスにおいて，決定することを，行為することの関係をどのようにとらえていますか。
4. 意思決定に基づく人間の行動は，多数の階層における目標体系とどのようにつながっているのか，目的と手段という用語で説明してください。

Key Word
サイモン，価値前提，事実前提，直観論，多様性，多義性，決定すること，行為すること，意思決定の型，意思決定過程，最適化意思決定，満足化意思決定，制約された合理性，目的と手段，目的体系の階層性

Summary

本章では，サイモン（Simon, H. A., 1947）の「制約された合理性」について取り上げます。

目的と手段の体系，意図せざる結果，組織におけるあいまいさと決定，ゴミ箱モデル，事実前提と価値前提，制約された合理性について解説します。

サイモンは，「合理的な管理者は，効果的な手段の選択に従事している」と述べています。サイモンの人間観は，古典的理論である経済人（economic man）モデルの人間観です。現実にさまざまな制約があることを明らかにし，意思決定における人間の心理的要因を追求することによって，組織の経営（管理）人（administrative man）モデルを打ち立てました。経営（管理）人モデルは，意思決定の現実的なモデルとして広く受け入れられました。

> サイモンによれば、「決定する」という仕事と、「行為する」という仕事は完全に結びついていると指摘しています。この両者は、まったく同じように管理組織全体のどこにでも存在しています。しかし人間には、①知識の不完全性、②予測の困難性、③行動の可能性の範囲の限定性、という制約された要因があります。したがって、意思決定において、目的達成のための最適手段の選択をもたらす完全な合理性を確保することは不可能です。最適化基準に基づくことはできないと考えられます。つまりそれが、「制約された合理性」です。
> そこで、人間は、最適化基準の適用と満足化基準の適応を図ります。さらに、目的と手段の体系化と意思決定の型の階層化により、意思決定システムを追求しています。

1　意思決定のための前提概念

サイモン（Simon, H. A., 1947）によれば、組織とは、「意思決定とその実行過程を含めた、人間集団におけるコミュニケーションとその関係のパターンを意味する」（Simon, H. A., 1947, 邦訳p.26）。ここでは、組織の管理に対して、統一概念として意思決定の概念を設定しました。そして、サイモンは、ひとつの意思決定は、行動前提（behavior premises）または決定前提（decisions premises）から引き出されると考えました。

行動前提ないし決定前提は、さらに**価値前提**（value premises）と**事実前提**（factual premises）に分けられます。この2つの決定前提に区分することにより、ひとつは**管理的決定**（administrative decisions）の**合理性**の意味を明確にします。もうひとつは**政策問題**（policy questions）と**管理問題**（questions of administration）とを区分することを意図しました。サイモンは、「大ざっぱにいえばこの価値前提は目的に相当し、事実前提は手段に相当する」とも述べています。

価値前提のなかでもっとも重要なものとして、①**組織目的**、②**能率の基準**、③**公正の基準**、④**個人的価値**（personal value）をあげています。

事実前提については、①各種の情況を処理することを可能にする熟練と知識、②特定の問題にその基本的な熟練を応用するのに必要な現状についての情報（information）とを区分しています。熟練と知識は、人材育成や教育訓練によって開発されます。それに対し、情報は、コミュニケーション・システムとしての組織構造によって提供されるものであると説明しています。

2　意思決定の合理性

　サイモンは、「合理的な管理者は、効果的な手段の選択に従事している」と述べています。古典的理論である経済人モデル（economic man）の人間観では、現実にさまざまな制約があることを明らかにしました。意思決定における人間の心理的要因を追求することによって、組織の**経営（管理）人モデル**（administrative man）を打ち立てたのです。そして、サイモンが提示した経営（管理）人モデルは、意思決定の現実的なモデルとして広く受け入れられました。

　合理的な意思決定は、①あらゆる代替的な戦略をあげること、②この戦略のそれぞれから生ずるあらゆる結果を予想すること、③一定の価値観からこれらの結果を比較することです。しかし、現実には大きな制約があります。例えば、結果についての知識は断片的であり、不完全なものです。また、将来の予測を価値判断することは不完全なものになります。さらに、代替的戦略をあげることにも限界があり、そのひとつを選択することに制約があります。このように、意思決定の合理性には**制約と限界**があることが明らかになってきました。

　これらを整理すると、次の3つの制約と限界にまとめられます。第1は、**知識の不完全性**です。第2は、**集団行動の不安定性**です。第3は、**価値体系の不安定性**です。

　第1の、**知識の不完全性**ですが、知識の不完全性に制約されながら、なお、合理性を追求する人間の努力は、この困難を部分的に克服するとの考え方を提示しています。管理組織の問題として、意思決定の行われる個所に対して、そ

の決定に関連のある知識や情報を伝達できるような過程の組織を作ることです。サイモンはこれを，関連要因のひとつの封鎖的なシステムのする方法であると説明しています。

　第2の，**集団行動の不安定性**ですが，意思決定に2人以上の集団が入ってくるとき，他の個人の意思決定が含まれてきます。この場合，集団行動に安定性をもたせ，合理的な意思決定を行うためには，管理組織が必要です。具体的には，各参加者が，価値前提である組織目的を共通にわかちあっていることが極めて重要になります。そして，他の個人の計画と行動について十分に情報を提供される過程として調整されなくてはなりません。

　第3の，**価値体系の不安定性**ですが，とくに個人の価値体系は一貫性をもちにくく，もろく変化する特徴があります。これに対して，組織の価値体系は，目的と手段の体系の確立により安定します。事業目的は，経営理念として明文化され，組織メンバー間で共有されることで重要な機能を果たします。一方，事業手段は，経営戦略の実行や経営組織の体制をとおして安定した価値体系を築きます。

3　行為の過程と決定の過程

　サイモンは，『経営行動』（邦訳）において，現実では，どのような活動も**「決定すること」**と**「行為すること」**の両方が含まれると述べています。従来の経営管理の理論は，決定の過程と同様に行為の過程をも対象とすべきであることが一般に認識されてこなかったのです。

　この意思決定の過程で，とくに，行為の過程が軽視されがちです。意思決定といえば，組織全体の戦略や計画の策定段階にのみ目が行きがちになるからです。しかし，意思決定の過程は，組織の全体的な目的が決定されたときに終わるのではありません。

　「決定する」という仕事は，「行為する」という，仕事とまったく同じように管理組織全体のどこにでも存在し，さらにこの両者は完全に結びついています。

例えば，人間の各階層で行われる仕事は，判断と作業に分けられるにせよ，判断のみをひとりの誰かに，作業のみをひとりの誰かにというように，機械的に上下に分業することは合理的な考え方ではありません。ひとつの作業にもすべて人間の判断がともなうからです。標準化されたルーティン業務であっても，機械的に行うことは，かえってコストとリスクがともないます。なぜなら，予期しない外部環境の変化がいつどこで発生するか分からないからです。行為に先立つ決定によって，実際の行為内容は，既に規定されています。したがって，意思決定を，「決定すること」と「行為すること」に区分して考えたうえで一体化させることは，意思決定の問題解決プロセスにおいても，組織現象を解明するうえでも極めて重要です。

3.1 意思決定の型－定型的と非定型的－

　サイモンは，プログラム化された決定とプログラム化されない決定に分け，それらが相互に連続している，反復的かつルーティン的職務としてとらえています。組織は，できるだけ多くの決定をルーティン的職務としてプログラム化することを志向しているものととらえられます。作業や事務などの職務などは，標準化，ルーティン化，プログラム化することは比較的容易です。しかし，判断力，直観力，および創造力など，経営者に求められる能力などを，標準化，ルーティン化，システム化することは困難です。サイモンは，数学的分析，コンピューター・シミュレーションの技法によって，複雑な意思決定をもプログラム化しようと考えたのです。そこで，意思決定の型を，**定型的**と**非定型的**に分けてとらえました。

　定型的意思決定（structured decision），あるいは**プログラム化された意思決定**（programmed decision）と，**非定型的意思決定**（non-structured decision），あるいは**プログラム化されない意思決定**（non-programmed decision）です。また，意思決定の内容として，**良 構造の問題**（well-structured problem）と，**悪構造の問題**（in-structured problem あるいはwicked problem）があることを指摘しました。良構造の問題とは明確な解法があり，悪構造の問題とは明確な

解法がないというものです。

3.2 意思決定の4つの過程

サイモンが提示した意思決定過程における4つの活動とは，①**情報活動**：意思決定を必要とする機会を発見する活動，②**設計活動**：実行可能な行為の代替案を探求する活動，③**選択活動**：行為の代替案のなかからひとつを選択する活動，④**再検討活動**：選択の結果を再検討する活動です。

サイモンは，人間がこのような意思決定過程を通じて合理的な選択を行うことが可能かどうかを問題にしています。ここでいう合理的とは，目的とそのために選択される手段との整合性を示す概念です。合理的な意思決定とは，既定の目的を達成するために有効な手段が選択されるときに確保されることになります。

4 最適化意思決定と制約された合理性

問題解決の段階で，まず検討する必要があるのは，選択活動において複数の代替案(だいたいあん)を評価し，それらのなかからひとつの代替案を選択する基準についてです。それは，**最適化意思決定**と**満足化意思決定**です。

最適化意思決定において，最適化基準の適用が求められます。最適な代替案の選択を確保しようとすれば，意思決定に先立ってすべての代替案が明らかにされる必要があります。各代替案を選択した結果がすべて検討されたうえで，最適なものが選択されなければなりません。

満足化意思決定において，人間が考えうる選択基準は，満足できる代替案を選択するという満足化基準です。つまり，あらかじめ満足できる基準を設定しておくことです。それらの基準を満たす代替案が発見できたとき，すべての代替案を探求する必要がなくなります。

一方，**制約された合理性**の意味ですが，人間は，①知識の不完全性（incompleteness of knowledge），②予測の困難性（difficulties of anticipation），

③行動の可能性の範囲（the scope of behavior possibilities）の限定性という要因により，意思決定において目的達成のための最適手段の選択をもたらすような完全な合理性を確保することは不可能です。つまり，最適化基準に基づくことはできないと考えられます。

サイモンは，人間を「**制約された合理性**」（bounded rationality）ととらえています。制約や限定されたなかでしか合理性を確保できない存在としてとらえています。しかし，サイモンは合理性を否定して，非合理的な立場が重要であるといっているわけではありません。

人間の意思決定を，**制約された合理性**という概念の提起によって，制約を緩和するためのシステムについて考察しようとしているのです。そして，ここでいうシステムとは組織にほかなりません。より限定的にいえば，組織の階層的秩序です。

5　目的体系の階層性

目的体系には，階層性があります。各階層間の関係は，下位レベルの目的が，そのひとつ上位レベルの目的の手段となっているという，目的－手段の関係です。全体としての目的体系は，**目的－手段の連鎖**により構成される階層的体系です（**図5-1**）。目的を達成するための手段の選択としての意思決定も，**階層的目的体系**に対応して**意思決定階層**を形成しています。組織での意思決定を考えると，このような意思決定階層ないし階層的目的体系は，組織階層と同じです。

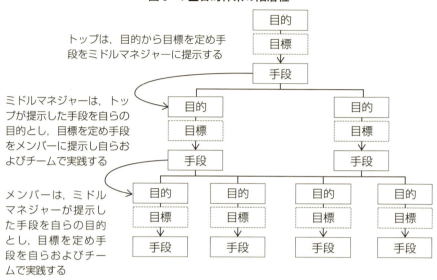

図5-1■目的体系の階層性

出所：筆者作成。

5.1　多様性によりもたらされる不確定性

「制約された合理性」しか確保できない人間は，意思決定を行うときに不確定性に直面します。サイモンは，目的達成のための手段の選択である意思決定において，手段と考慮すべき要因が多様であることを指摘しています。これらの多様性によりもたらされる不確定性を，**意思決定の合理性への主要な制約要因**としてとらえています。そして，この制約は，組織の**階層的秩序**によってある程度まで緩和できると考えています。

　階層的秩序は，サイモンのいう**オーソリティー**という概念が，組織メンバーの行動にもっとも強い影響を及ぼすという考え方につながります。**オーソリティー**とは，他人の行為を左右する意思決定の力のことです。官僚的な強制的な力ではなく，組織メンバーが自発的に受容するものです。このように，**オーソリティー**が，組織の階層的秩序と親和性をもつものと考えられています。

6 意思決定システムの追求の現代的意義

　サイモンはマーチとの共著，『オーガニゼーションズ』で，組織における人間の行動の解明に焦点を合わせています。ここでは，人間の特質を3種に分類することによって考察を深めています。第1は，人間を受動的な存在とするもの。第2は，人間を一定の目的，価値，欲求をもつ存在であるとするもの。第3は，人間を意思決定による問題解決者としての存在であるとするものです。ここで重要な視点とは，人間は制約された合理性をもつなかで，意思決定者であり問題解決者であるということです。

　現代社会において，AI（人工知能）やIoT（モノのインターネット）が飛躍的に進展しています。サイモンが，「オートメーション化された未来の向上は，その隣のオートメーション化されたオフィスで生み出されるプログラム化された決定に基づいて運転されるであろう」と主張しました。これらサイモンの指摘から，制約された合理性，あるいは限定された合理性のなかで，人間の意思決定と問題解決が行われていることを忘れてはならないでしょう。

■章末問題■

1．サイモンによると意思決定の前提概念として，意思決定は行動前提ないし決定前提から生み出されると考えました。行動前提ないし決定前提は，さらに価値前提と事実前提に分けられます。その価値前提と事実前提とはどのようなことなのか具体例で調べてください。
2．バーナードの自律（全）人モデルの人間観と，サイモンの経営（管理）人モデルの人間観の違いを調べてください。
3．サイモンの「制約された合理性」とはどのようなことを意味するのでしょうか。具体的な事例を調べてください。
4．サイモンは，人は論理的思考で「解」が見つからないとき，なぜ「直観」

にによることがあると指摘したのでしょうか。その理由について考えてください。
5．サイモンは，「決定すること」と「行為すること」の両方を意思決定過程ととらえました。そのことで，組織研究がどのように進展したのか考えてください。
6．組織目標を達成するために，上司と部下の間でどのような意思決定と行動が求められると思いますか。目的と手段の関係を説明したうえで考えてください。

> **さらに理解を深めるための参考文献**
> ・ジェームズ・G・マーチ，ハーバート・A・サイモン著，高橋伸夫訳［2014］『〔第2版〕オーガニゼーションズ－現代組織論の原典』ダイヤモンド社.
> ・経営学史学会監修・田中政光編著［2011］『サイモン』文眞堂.
> ・ハーバート・A・サイモン著，二村敏子，桑田耕太郎，高尾義明，西脇暢子，高柳美香訳［2009］『経営行動－経営組織における意思決定過程の研究－』ダイヤモンド社).

第6章 状況適応システムの追求

POINT

1. クローズド・システムとしての組織と，オープン・システムとしての組織の違いはどこにあるでしょうか。環境との関係から整理してください。
2. ローレンスとローシュは，分化と統合の程度が高い組織は，業績も高いことを発見しました。それはなぜでしょうか。
3. トンプソンは，環境の不確実性を削減するために，どのように組織をデザインすることが重要であると指摘していますか。
4. ガルブレイスは，環境の不確実性を削減するために，どのように組織をデザインすることが重要であると指摘していますか。

Key Word

環境の不確実性，機械的管理システム，有機的管理システム，コンティンジェンシー理論，分化と統合，組織構造，横断的組織，技術の3タイプ，トンプソン，ガルブレイス，情報処理，組織形態，組織デザイン

Summary

オープン・システムとしての組織を，機械的管理と有機的管理，分化と統合など，組織研究の系譜から紹介します。環境の不確実性削減について，トンプソンとガルブレイスの組織理論から解説します。

オープン・システムとして組織をとらえ，環境との関係を理論化したのが，組織のコンティンジェンシー理論と呼ばれる研究です。コンティンジェンシー理論の代表的な研究として，バーンズとストーカーの研究，ウッドワードの研究，ローレンスとローシュの研究を紹介します。そのうえで，環境に適応する組織形態について検討します。

環境の不確実性削減について，外部環境と内部組織に分けて，それぞれ削減する方法について解説します。トンプソンの研究によって，組織は環境の不確実性

から中核の技術を防御するように，組織をデザインすることが明らかになってきました。これに対して，ガルブレイスは，環境の不確実性が組織の必要とする情報量と組織の保有する情報量との差であることに着目し，組織が情報処理システムであるとみなしました。

また，ネオ・コンティンジェンシー理論，戦略と組織，経営戦略論の発展，組織の主体性と戦略的選択アプローチについて状況適応システムの追求の視点から解説します。さらに，経営者の環境認識と戦略的意思決定について，マイルズとスノーの組織理論から解説します。

1　オープン・システムモデル

同一の管理手法や組織形態によって経営を行っても，業績を中心とする成果が異なる企業が存在します。この差は，組織を**クローズド・システム**としてとらえるか，**オープン・システム**としてとらえるかによって，組織行動が異なることを意味します。なお，オープン・システムは，**インプット**，**変換プロセス**，**アウトプット**の3つのプロセスから成り立っています。

オープン・システムとして組織をとらえ，環境との関係を理論化したのが，**組織のコンティンジェンシー理論**と呼ばれる研究です。環境が異なれば，有効な組織も異なるという観点から，特定の環境に適合（fit）した組織特性を分析しています。

組織をとりまく環境は，**一般環境**と**タスク環境**に分けられます。一般環境は，グローバル化における社会，経済，政治，科学技術，情報技術などからなり，組織に間接的な影響を及ぼします。タスク環境とは，顧客，供給業者，協力業者，競争業者に加え，政府機関，労働組合，業界団体といった規制グループ，組織間関係，ステークホルダーとの関係などからなり，組織に直接的に影響を及ぼします。また，組織をとりまく環境の不確実性とは，組織が適切な意思決定をするのに多くの情報量が必要であるのにもかかわらず，組織が既にもっている情報量が少ない場合に不確実性が生じます。

環境と組織との関係についての研究は，組織と直接的にかかわる技術との関係を分析することから始まりました。

2　バーンズとストーカーの研究

バーンズとストーカー（Burns, T. and Stalker, G. M., 1961）は，スコットランドの企業20社の事例研究を行いました。なお，スコットランドの主要産業は炭鉱であり，産業革命を支えました。1960年代に北海油田が開発されると，漁港アバディーンは石油基地として大きな発展をとげました。調査の結果，技術革新の速さが組織の管理システムに大きな影響を与えていることを発見しました。

具体的には，理想的な2つの組織の管理システムがあることを明らかにしました。**機械的管理システム**と**有機的管理システム**です。機械的管理システムとは，明確な職能分化や階層的権限責任関係ならびに規則や手続きが重視される管理システムであり，官僚的組織に似ています。一方，有機的管理システムとは，規則や手続きがあまり重要視されず，階層的な権限責任関係をこえて自由に意思疎通のできる管理システムです。

実証研究の結果，技術革新が遅い安定した市場環境では，機械的管理システムが適合的でした。一方，技術革新が速い不安定な市場環境では，有機的管理システムが適合的であることが分かりました。機械的管理システムでは，官僚的組織に近いシステムとなっていることを発見しました。この官僚的組織が，機械的管理システムから有機的管理システムへの変革を困難にしていました。

3　ウッドワードの研究

ウッドワード（Woodward, J., 1965）は，イギリスのサウスエセックス地方の企業100社について，定量的研究と事例研究からなる総合的な分析を行いました。その結果，**「技術が組織構造を規定する」**という命題を導き出しまし

図6-1 ■生産技術と組織の管理構造

構造特性	単品・小バッチ	大量・大バッチ	装置
第一線監督者の統制範囲（平均）	23	48	13
熟練労働者の割合	高い	低い	高い
組織体制	有機的	機械的	有機的
専門スタッフ	少ない（経験コツ）	多い	少ない（科学的知識）
生産統制	少ない	精密	少ない
コミュニケーション	口頭	文書	口頭

出所：岸田［1985］p.64.

た（図6-1）。

　ウッドワードは，生産技術を単品生産（注文服，電子工学製品など），大量生産（自動車，鋳鉄など），装置生産（石油，化学，製菓など）の3つに分類し，それらと組織構造との関係を分析しました。

　技術が複雑になる（単品生産から装置生産に移行する）ほど，責任権限の階層，経営担当者の統制範囲，管理監督者比率，スタッフ比率，直接労働者対間接労働者比率が増大するというものでした。技術スケールの両極端（単品と装置）では，第一線監督者の統制の範囲が狭く，熟練工の採用比率が高くなっており，大量生産技術組織とは異なることが分かりました。

　これらの発見を，バーンズとストーカーの研究に照らし合わせて次の結論に導き出しました。技術スケールの両端では有機的管理システムが支配的であるのに対し，大量生産では官僚的な機械的管理システムが支配的であることです。ここでもっとも重要な発見は，業績の高い企業は生産技術によって最適な組織形態が存在することでした。このことから，技術が組織構造を規定することが明らかになりました。

4 ローレンスとローシュの研究

ローレンスとローシュ（Lawrence, P. R. and Lorsch, J. W., 1967）は，環境と組織構造の**分化**と**統合**との関係を検討しました。その方法は，プラスチック産業，食品産業，容器産業に属する企業に対して，質問票調査とヒヤリング調査とその分析です。

分化とは，システムの各構成部分が特有の機能や役割を担うように，相互に異なった特徴を有することをいいます。**分化**は，①構造の公式性，②対人志向性，③時間志向性，④目標志向性，という要素があります。

一方，**統合**とは，各構成部分がひとつのまとまりとして形成されることをいいます。**統合**は，①統合の質，②統合手段・過程（コンフリクト解消），という要素があります。

分化が進むほど統合することは難しくなるという関係があり，分化と統合の問題は，組織研究の重要な課題といえます。

ローレンスとローシュは，環境の不確実性を，①情報の明確性，②因果関係の不確実性，③フィードバックの時間幅，の3点から測定し，総合計を代表値として使用しました。

もっとも環境の不確実性が高いプラスチック産業において，6社の分化および統合と業績との関係を分析しました。

その結果，分化と統合の程度が両方とも高い企業がもっとも業績が高く，どちらも低い企業がもっとも業績が低いことを発見しました。プラスチック6社は，基礎研究，応用研究，製造，販売といった職能部門に分化しており，とくに応用研究と製造・販売部門との連携が重要であることが明らかになりました。

そのため，これらを統合するための担当者や部門が設置されていました。なかでも，高い業績をあげている会社は，周到な部門間の協力関係や意思疎通の組織化が見られ，**横断的組織**が発達していることを発見しました。

その結果，次の3つのことを指摘しました。第1は，不確実な環境にある組

織にとって統合問題が重要な経営課題であり，それを解決するには横断的組織構造を構築する必要があること。第2は，統合問題におけるコンフリクト解決にとって管理者の対人接触能力が有効であること。第3は，管理者育成のためのキャリア形成や正当な報酬体系の構築が重要であることです。

これらは，今日の組織研究における基本的課題を提示しており，極めて示唆に富んだ指摘です。彼らの研究以降，組織と環境との関係に関する一連の研究は**組織のコンティンジェンシー理論**として命名され，一般化されるようになりました。

5　環境適応の論理

初期のコンティンジェンシー理論によって，環境と組織に関するさまざまな経験則が得られました。しかし，これらの法則が明らかではなかったため，この結果に対して理論化しようとした研究が進められました。そして，**環境の不確実性削減**や**情報処理的視点**によって説明しようとしたのが，**トンプソン**（Thompson, J. D., 1967）や**ガルブレイス**（Galbraith, J., 1973）です。

5.1　トンプソンの不確実性削減パラダイム

トンプソン（Thompson, J. D., 1967）は，組織がなぜ環境や技術に応じて組織構造を変えていくかについて，不確実性削減の観点から理論化を試みました。その論点とは，「組織は，望ましい成果を合理的に達成するシステム，すなわち組織的合理性を追求するシステムであり，ある一定の技術を用いて，インプットをアウトプットに変換する活動を行っている」という内容です。

5.2　相互依存関係

トンプソンによると，組織が目標を達成するために必要となるさまざまな諸単位間の相互依存関係は，単純でコストのかからないものから順に，3タイプに分類されます。第1は**集団共有的**，第2は**連続的**，第3は**互酬的**です。

合理的であろうとする組織は，依存しあっているがゆえに，コミュニケーション上の負荷がもっとも大きく，調整にコストのかかる互酬的な関係をまず処理します。

5.3 環境の不安定・不確実と調整困難性

複雑な情報の処理を容易にするために，製品ごとに部門を分割し，直接コミュニケーションを交わすチームを編成します。環境が不安定で，不確実であればあるほど，標準手続きの確立や計画化による調整は困難となります。

5.4 戦略レベル・管理レベル・作業レベル

トンプソン・モデルを全体としてみると，戦略レベルでのドメインの設定と，管理レベルでの諸資源の組織化・諸活動のコントロールとが作業レベルでの不確実性の削減・合理性の確保を可能にします。

一方，作業レベルで確保された合理性が，今度は管理業務の複雑性を縮減し，戦略レベルに環境に適応するための**余剰資源**（スラック）をもたらします。

5.5 不確実性の増大と合理性の確保

トンプソンの理論によると，伝統的組織論のやり方では合理性を確保することができません。環境不確実性が増大した状況においては，作業を単純化・標準化したうえで規則を適用するというやり方では不十分だからです。そこで，不確実性が増大した状況で合理性を確保するためには，**テクニカル・コア**と**境界連結単位**が必要です。それらの間で交換すべき情報量の増大をいかにしてうまく処理するかが重要になってきます。

組織の合理性についての理論化は，現実的な問題を取り込む形で発展してきています。近代組織論における**組織均衡論**は，それまでは合理性の阻害要因と考えられていた人間の心理的側面を，組織の合理性モデルに取り込むことを可能としました。その延長上にあるトンプソンの環境適応モデルにおいては，タスク環境に位置するさまざまな主体をも合理性の理論に取り込むことが可能と

なっています。

5.6 技術の3タイプ

技術には，長連結型技術，媒介型技術，集約型技術，の3タイプがあり，組織によって技術は異なります。**長連結型技術**とは，自動車の生産ラインに見られるように，逐次的に成果を生み出す技術です。**媒介型技術**とは，銀行や運輸会社に見られるように，協力先と顧客とを引き合わせるような技術です。**集約型技術**とは，病院のように多様な能力を統合する技術です。

第1の**長連結型技術**に対しては，部門間の職務遂行が連続的に遂行されるような連続的相互依存的関係が構築され，計画に基づく部門間調整がなされます。この場合，調整コストは中程度となっています。

第2の**媒介型技術**に対しては，下位部門は上位部門からの支援により間接的に依存するように構築され，標準化（ルール）によって調整がなされます。この場合，調整コストは低くなっています。

第3の**集約型技術**に対しては，ある部門の職務遂行が，他の部門の職務遂行において相互依存関係が構築され，フィードバックによる調整がなされます。この場合，調整コストは高くなっています。

トンプソン・モデルでは，組織は，こうした特徴をもつ技術において最小の調整コストを実現できるように，階層化と部門化を行うと結論づけています。

クローズド・システムの組織では不確実性は存在しないし，組織の構成要素間の調整コストなども発生しません。しかし，現実の組織はオープン・システムであることや，人間の認知には限界があります。したがって，環境のみならず，組織内においても不確実性が発生し，組織的合理性は容易には達成されません。そこで組織は，対外的には環境の不確実性を削減するような組織を構築する必要に迫られます。第1は，環境に適応する（**対外均衡**）です。第2は，それと同時に，対内的に組織内の不確実性を最小のコストで削減するような組織を構築する（**対内均衡**）ことです。このように，不確実性の下では，組織は対外均衡と対内均衡を同時に図っていかなければなりません。

6 情報処理パラダイム

　トンプソンの研究によって，組織は環境の不確実性から中核の技術を防御するように，組織をデザインすることが明らかになってきました。これに対して，**ガルブレイス**（Galbraith, J., 1973）は，環境の不確実性が組織の必要とする情報量と組織の保有する情報量との差であることに着目し，組織が情報処理システムであるとみなしました。

6.1　情報負荷に対処する方法

　ガルブレイスによれば，組織の有効性は，組織の情報処理能力が環境の不確実性が課す情報負荷にいかに対処するかにかかっているとし，環境と組織との関係を理論化しました。
　ガルブレイスは，情報負荷に対処する方法として，①機械的モデルによる方法，②情報処理の必要を軽減する方法，③情報処理能力を向上させる方法，の3つをあげました。そして，組織の有効性は，これら3つの対処方法にかかるコストと，それらによって不確実性が削減されたことによるベネフィットによって決定されるとしました。

6.2　組織デザインの選択

6.2.1　機械的モデルによる方法

　機械的モデルによる方法は，①規則・プログラム・手続きの使用，②上役に解決を委ねる階層の使用，③前もって権限を委譲しておく目標の設定・目標化の使用の3つが存在します。通常①→②→③の順番で使用されます。しかし，この機械的モデルによる方法は，環境の不確実性が高まれば有効でない場合があります。

6.2.2　情報処理の必要を軽減する方法

　情報処理の必要を削減する方法は，①スラック（在庫，販売，納期，目標などの余剰）を設けることと，②自己完結的職務（多能的で自律的な職能単位）の形成があります。この情報処理の必要を軽減する方法は，環境の不確実性削減のための組織デザインの設計です。

6.2.3　情報処理能力を向上させる方法

　情報処理能力を向上させる方法は，①縦系列の情報処理システムの改善（コンピュータ化やデータベース化を促進し情報収集と処理能力を高めること）と，②横断的関係の形成（タスクフォース・チーム，統合部門，クロスファンクショナル組織など）があります。この情報処理能力を向上させる方法は，IT化の進展を活用した組織デザインの進化につながっています。

7　状況適応システムの追求の現代的意義

　環境と組織との関係を明らかにしたコンティンジェンシー理論の評価は，環境特性に応じた最適な組織構造のデザインを具体化した点です。人間関係理論などの個人や集団のモチベーションを中心としたミクロ理論にかわって，組織全体を分析単位とするマクロ組織論を誕生させました。すなわち，組織メンバーの職務設計などを中心とした組織設計から，環境適合を中心とした組織設計の重要性を指摘したことです。

　ミクロ組織論においては，異なる状況のなかで，リーダーシップのスタイルを決定し組織メンバーのモチベーションを高め，個人間や集団間におけるコンフリクトの解消を図る研究へと進展しました。**マクロ組織論**においては，環境決定的な組織形態から，経営者の主体性による戦略決定的な**組織デザイン**の研究へと進展しました。これらの研究の進展は，組織が環境をどのように認識して，**組織変革**を図るのかという**組織進化**や，経営戦略論における**組織能力**，さらに**知識創造**の観点からの議論へと発展しました。

第6章　状況適応システムの追求

■章末問題■

1．環境の不確実性とはどのようなことをいうのか，グローバル経済の環境や現代社会の変化などをあげて，具体的な事象を調べてください。
2．バーンズとストーカーが指摘した，機械的管理システムと有機的管理システムの，それぞれの管理システムが，現代において，有効に機能すると思われる産業，業種，職種を調べてください。
3．ローレンスとローシュが指摘した，組織の分化と統合について，特定の産業や企業を取り上げてその実態を調べてください。
4．高い業績を上げている企業では，横断的組織の形態が見られますが，それが機能するためにはどのような組織マネジメントが求められるか考えてください。
5．環境の不確実性を削減する組織形態を構築することが重要ですが，トンプソンの研究とガルブレイスの研究の相違点を整理して，それぞれの有効性について考えてください。
6．外部環境に適応するオープン・システムとしての組織では，戦略と組織の共進化が重要ですが，それらを実現するためにはどのような経営が求められるか考えてください。

さらに理解を深めるための参考文献

・高橋正泰・山口善昭・磯山優・文智彦［1998］『経営組織論の基礎』中央経済社.
・大月博司・高橋正泰［2003］『経営組織』学文社.
・ジム・D・トンプソン著，大月博司・廣田俊郎訳［2012］『行為する組織－組織と管理の理論についての社会科学的基盤－』同文舘出版.

第7章　組織化システムの追求

POINT

1. オートポイエーシス的システムとはどのような組織ですか。官僚制組織の特徴を挙げて，両者の組織を対比させて説明してください。
2. 組織を構成する諸要素で問題となるのは，組織のメンバー間の相互行為です。相互行為を円滑に行うためにはどのような取り組みが必要ですか。
3. ワイクは，組織の相互行為に必要な3つの特性をあげています。それらを挙げて説明してください。
4. サイアートとマーチは，組織の意思決定プロセスに影響を及ぼす変数に関係するものとして，どのような中核概念をあげていますか。

Key Word

相互行為，組織の3特性，ワイク，組織化，イナクトメント，組織目標，組織期待，組織選択，サイアートとマーチ，社会＝技術システム，ポストモダン，オートポイエーシス，自己組織化，ゴミ箱モデル，多義性の一律化

Summary

バーナードの所説では現実の組織の実態をとらえきれないとする限界説が，サイアートとマーチ（Cyert, R. N. and March, J. G., 1963）やワイク（Weick, K. E., 1969）をはじめとして，一部の組織論者から提出されました。それは，オートポイエーシス的システム，組織の自己決定的ないし自己適応的なシステム，自己組織化システムと呼ばれる組織です。

組織化のプロセスを，組織のメンバー間でやりとりされる相互行為（interaction）であり，コミュニケーションに注目するアプローチです。ここでは，サイアートとマーチの意思決定における特質と，ワイクの相互行為の特性を取り上げます。

サイアートとマーチ（Cyert, R. N. and March, J. G., 1963）が指摘した，組

織の意思決定プロセスに影響を及ぼす変数に関係するものとして，次の4つの中核概念を考察します。第1は，「コンフリクトの疑似的解決」，第2は，「不確実性の回避」，第3は，「問題解決志向の探索」，第4は，「組織の学習」です。

ワイク（Weick, K. E., 1969）は，組織とは何かと，静態的にスナップショットの視点からとらえようとしませんでした。組織は，社会的な集合体として形成され，維持され，そして解体していく，一連の動態的なプロセスとして組織化（organizing）という流れのなかでその本質に迫ろうとしました。ワイクは，組織と呼ばれる相互行為とそうは呼ばない相互行為を区別するにあたって，3つの特性を提示しました。第1に反復性，第2にメンバー間での互酬性，第3に相互依存性です。

このような視点から，組織化プロセスの考察をとおして，同時に現代企業が直面する問題にどのように活かされるのかについて解説します。

1　オープン・システムの組織理論

トリストら（Trist, E. L., Higgin, G. W., Muray, H., Pallock, A. B., 1963）は，企業組織は，オープン・システムの特質を備えていると指摘しています。そして，**バーナード＝サイモン理論**には，組織と環境の相互作用の理論がなされていないと，その理論の限界を指摘しました。しかし，バーナード＝サイモン理論は，環境を無視するものでも，組織をクローズド・システムとみなすものでもありませんでした。目的と手段と環境との分析，組織均衡の理論，組織目的の理論，また，組織の学習理論からも，環境と組織の関係に着目していたことは明らかです。同時に，組織内部の問題解明にその関心の焦点を合わせていました。

コンティンジェンシー理論において，**技術システム**は，企業の目的と外部環境の間を調整するうえで重要な役割を果たします。技術システムは，「内部化された環境」であり，企業が外部環境への適応において何をなしえるかを限定するばかりでなく，内部組織や企業の目的を変化させることを要求します。

企業を「開かれた社会＝技術システム」と見ると，企業は環境によって影響を受けるだけでなく，その環境に働きかけうるもの，つまり環境を変化させるものであると考えることができます。このように，オープン・システムとしての企業組織は，内部システムと外部環境の両面を管理しなければなりません。

2　組織と組織化

組織のとらえ方は，外部環境への状況適応システムの追求により，組織はクローズド・システムから，オープン・システムとしてとらえる必要性に迫られることになりました。これらの考察の視点は，組織を観察者として理論化に向けて分析する視点でした。組織を静態的に精緻に解明するアプローチです。つまり，組織とは何か，外部環境との関係において組織はどうあるべきかを明らかにする試みといえるでしょう。

一方，組織の自己決定的ないし自己適応的ととらえる**自己組織系モデル**の考え方は，環境，組織，人間との関係を，生命システムの原点に立ち返って，その本質に迫ろうとしたものです。

サイモンが指摘したのは，制約された合理性をもつ経営（管理）人の人間観でした。このサイモンの提示した理論と，コンティンジェンシー理論で明らかになった組織の環境適応の多様性の研究成果を基盤として，組織化システムの研究が進展しました。これら新たな研究は，組織（organization）の構造や機能の解明から，**組織化（organizing）** の過程を解明することに主眼を置いています。組織を，空間の広がりと時間展開のなかで，機械的ではなく有機的に自己組織化するメカニズムを解明する考え方です。そこで次に，その代表的な研究として，サイアートとマーチの『企業の行動理論』と，ワイクの『組織化の社会心理学』の所論をもとに紹介します。

3 組織の意思決定プロセスの解明

サイアートとマーチ（Cyert, R. M. and March, J. G., 1963）の研究目的は，従来の企業の意思決定のように，個人としての企業者による意思決定の分析ではありませんでした。組織の意思決定として企業の行動を記述することでした。バーナードとサイモンの経営組織理論に依拠し，現実の企業の行動と理論の統合を図る研究でした。

具体的には，サイアートとマーチは，『企業の行動理論』で組織の実態内容を分析しています。そこでは，現実の企業の意思決定過程を，コンピュータを利用することによってモデル化し，理論の有効性を検証しました。この研究は，バーナードとサイモン理論の実証研究として大きな意義をもつものでした。

3.1 組織の意思決定プロセスの基本構造

組織目標は，利用しうる情報に基づいて代替的選択対象のなかから，組織期待を実現する組織目標が選択されます。組織目標が選択されると，組織は情報処理と意思決定のシステムであるととらえます。企業の意思決定の行動理論には，**組織目標**，**組織期待**，**組織選択**の3つの下位理論が存在します。

組織目標は，目標がどのように生み出され，時間経過のなかで変化するかということを考察します。**組織期待**は，情報あるいは代替的選択対象の探索の時期と方法，そして情報処理を考察します。**組織選択**は，代替的選択対象の優先順位と緊急度を分析しその中からひとつを選択する過程を考察します。

3.2 組織目標，組織期待，組織選択に影響を及ぼす変数

サイアートとマーチによれば，**組織目標**に影響を及ぼす変数は，目標の次元に影響するものと，目標の要求水準に影響するものがあります。

組織期待に影響を及ぼす変数として，情報から推論を導く過程に影響するものと，情報が組織に入手可能となる過程に影響するものがあります。**組織選択**

に影響を及ぼす変数は，組織内の問題の定義に影響するもの，標準的な意思決定ルーティンに影響を及ぼすもの，および，代替的選択対象を考慮する順序に影響するものがあります。

3.3 組織の意思決定プロセスの4つの中核概念

サイアートとマーチは，組織の意思決定プロセスに影響を及ぼす変数に関係するものとして，次の4つの中核概念を提示しています。第1は，**コンフリクトの疑似的解決**，第2は，**不確実性の回避**，第3は，**問題解決志向の探索**，第4は，**組織の学習**です。

第1の**コンフリクトの疑似的解決**は，ほとんどの組織は常に潜在的に目標のコンフリクトが存在しています。その解決のためには，目標ごとに部分的に合理性を追求すること，受容可能な水準の意思決定ルールを採用すること，および，諸目標に逐次的に組織に注目を与えることです。

第2の**不確実性の回避**は，長期的で不確定な事柄の予測ではなく，短期的に反応するような意思決定とフィードバックを行うこと，そして，環境変化を外生的なものではなく統制可能なものへと変質させます。

第3の**問題解決志向の探索**は，単純志向の探索ルールに基づいて，因果関係の単純なモデルで行います。しかしそこでは，3種のバイアスが介入しています。特定の過去の経験あるいは訓練に基づくもの，願望と現実的な見込みの混同によるもの，そして組織内のコンフリクトから生じるコミュニケーションのバイアスです。

第4の**組織の学習**は，組織は経験によって学習し適応行動をとりますが，組織は経験の変数として，目標の変更と環境変化への着目部分を変更させて，探索手続きを修正しています。

3.4 組織選択のゴミ箱モデル

サイアートとマーチによる，意思決定過程における制約された合理性の考え方から，**マーチとオルセン**は，組織選択の**ゴミ箱モデル**を提唱しました。

組織には4つの**あいまい性**（ambiguity）があるといいます。第1に，**意図のあいまい性**であり，組織には矛盾した不明瞭な目標があることです。第2は，**理解のあいまい性**であり，組織の活動とその結果の因果関係が個人によく理解できていないことです。第3は，**歴史のあいまい性**であり，過去の出来事や事実の認識が個人によって異なることです。第4は，**組織のあいまい性**であり，個人によって意思決定への注意関心事項が異なることや，組織の意思決定は環境変化などによって目まぐるしく変わることなどです。

組織の意思決定において，問題そのものは何か，解決策はどのようなものが適しているか，それを決定する参加者は誰か，選択機会の場面など，これらの流れは，さまざまな状況によって異なることなどが特徴です。つまり，意思決定は，参加者がさまざまな問題と解決策を，それらが発生する場面において，無秩序に放り込むゴミ箱とみなすことができます。

このように，マーチとオルセンは，組織の現象には，**組織化された無秩序**（organized anarchies）があることを指摘しました。意思決定は，その**問題**，**解決策**，**参加者**，および**選択した状況**によって下されます。したがって，そのときのタイミングによって意思決定の結果が良いかどうか不明なのです。

4　組織の構成要素としての相互行為

バーナードの*所説*では現実の組織の実態をとらえきれないとする限界説が，サイアートと**マーチ**（Cyert, R. N, and March, J. G., 1963）や**ワイク**（Weick, K. E., 1969）をはじめとして，一部の組織論者から提出されました。バーナード理論は，組織の現実を記述するものではなく，組織のひとつの理想像を描く*規範論*に過ぎないといいます。

組織を構成する諸要素で問題となるのが，組織のメンバー間でやりとりされる**相互行為**（interaction）であり，**コミュニケーション**です。組織の要素となる相互行為とはどのようなものでしょうか。それは2人以上の人々がその行為を媒介として互いに働きかけ合うことを指しています。この相互行為という概

念は，社会学の領域においてはもっとも重要なキーワードです。

4.1 組織の3特性

組織と呼ばれる相互行為とそうは呼ばない相互行為を区別するにあたっては，**ワイク**（Weick, K. E., 1969）のいう3つの特性の説明が有効です。

第1に他の行為よりも高い確率で繰り返す**反復性**，第2にひとりよりもメンバー間で大きな利益が得られる**互酬性**，第3にメンバー間の協働による**相互依存性**です。一定のパターンをもつ相互行為が継続されることが組織の必要条件です。また，各行為者が相互行為により，自明性やモチベーションを高めます。そして，反復性を維持するために必要とされる特性が，互酬性と相互依存性です。

4.2 多義性の一律化

組織化のプロセスでは，ワイクによってはじめて提唱された相互行為による（reduction of equivocality）という特性がその特徴です。このような発想は，それだけで組織化行為を説明するのに十分な説得力をもっています。

組織のなかの各人は，その周りを取り巻く環境から，さまざまな情報や刺激をたえず受けています。また，多くの解釈が同時に成り立ちうるような状況にあります。ある情報や刺激に対して複数の解釈が同時に並存しうる状況は**多義的**です。このような情報の性質を**多義性**と呼んでいます。

相互行為が継続するために，意味の共有ないし世界観の共有という意味レベルの現象を見逃すことはできません。組織では，人々が互いに行為を継起的に連結させる理由が必要だからです。つまり，組織のなかの各人は，こうした多義性に遭遇したとき，その**多義性を一律化**し，なんらかの意味を付与しなければ行動に移すことが困難です。

4.3 組織の構造（structure）と組織化（organizing）

相互作用としての組織という観点から見れば，相互行為やコミュニケーショ

ンのアクセスを統制・制限し，その流れをある程度計画的に秩序づけるメカニズムこそが，**組織の構造（structure）**であると考えることができます。

ワイクは，組織の構造がどうであれ，組織の要素を**強い（タイト）連結**と，**緩い（ルース）連結**という概念を用いて，緩い（ルース）連結は環境適応を促進すると述べています。比較的安定した外部環境に対して，組織の構造は機械的で強い（タイト）連結が有効であると考えられます。一方，環境変化が激しい状況下では，部分集合としてのそれぞれの内部組織は，その他の組織との関係に比べて強い連結をもっています。部分集合としての部門などの組織は強い（タイト）連結によって自己組織化し，全体集合としての部門間の関係は緩い（ルース）連結によって変革の可能性が高まります。

組織の構造という表現からは，組織は**静態的**に把握される傾向があります。一方，組織を作り組織を動かすという**組織化（organizing）**という表現からは，組織の空間を広げ，時間展開のなかで把握されるため**動態的**なとらえ方であるといえます。

4.4　組織化のプロセス

ワイクの組織化（organizing）は，キャンベル（Cambell, D., 1969）のネオ・ダーウィニズムテク進化論モデルから影響を受けた概念です。進化プロセスは，**変異（variation）**，**淘汰/選択（selection）**，**保持（retention）**，**争い（struggle）**です。

組織化の観点から，ワイクは，組織の**変異をイナクトメント（enactment）**と呼びました。**イナクトメント**とは，環境変化の多様性を十分に把握するために，組織内に十分な多様性を保つようにしなければならないことをいいます。環境適応のため，最小で有効な多様性による対応策です。**淘汰**は，多様な内部外部環境の多義的な問題に対して，**多義性を削減**しようとするプロセスのことです。淘汰のメカニズムには，市場競争による自然淘汰と，組織内の権限による淘汰があります。**保持**は，淘汰によって組織内に残った組織能力などのプロセスです（図7-1）。

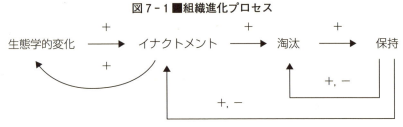

図7-1■組織進化プロセス

出所：Weick, K. E.［1979］p.132.

ワイクの組織化プロセスのとらえ方は，機能主義的な分析からではなく，組織の意味決定システムとして**解釈的なアプローチ**を志向しています。

5　組織化システムの追求の現代的意義

　組織化システムの追求は，組織とは何かと静態的に定義するのではなく，複雑な環境とのかかわりから，動態的に組織が変化する状態を解釈することでした。**サイモン**が組織の**意思決定システム**を解明しようとしたのに対して，**サイアートとマーチ**，**ワイク**らのアプローチは，組織が変化する状態を解釈する**意味決定システム**の追求といえるでしょう。

　状況適応システムの追求において，**コンティンジェンシー理論**のアプローチは，組織をオープン・システムととらえています。外部環境と組織の適応パターンを明らかにしようとするものでした。一方，空間の広がりと時間展開のなかで組織を動態的にとらえようとする**組織化システムの追求**においては，組織を自己組織化するクローズド・システムとしてとらえようとする視点でした。組織における人間は，置かれた環境や状況の認識から多様な解釈が生まれます。そこで，組織の多義性を削減するため，組織内部の相互作用やコミュニケーションの機能を重視しています。

　外部環境と組織の関係に焦点を合わせた**コンティンジェンシー理論**では，戦略と組織の適合を図るマクロ組織論の研究を大きく進展させるきっかけとなりました。一方，**組織化システムの追求**の研究では，組織と人間の目的と意味を

問うミクロ組織論の研究を深めることになりました。組織と人間の問題は，バーナードの協働システムの研究と，サイモンの意思決定システムの研究で既に行われていましたが，組織と人間が環境をどのように認識し解釈するのかという意味決定のプロセスに着目していたわけではありませんでした。

組織化システムの追求の研究から，日本においても，野中（1985）『企業進化論』，加護野（1988）『組織認識論』など，自己組織化する企業の研究が報告されました。また，近年では，組織の成長のためには，相互作用やコミュニケーションが重要な役割を果たしているとする，「語り」や「ストーリーテリング」，「ナラティブ」や「ディスコース」に着目した研究も進展しています。

■章末問題■

1. ワイクが指摘したように，相互行為が組織活動において重要ですが，それを可能にするのがコミュニケーションです。組織におけるコミュニケーションとは何か，文献で調べてください。
2. 組織という用語と，組織化という用語の定義を明らかにしたうえで相違点を調べてください。
3. サイアートとマーチが指摘した，意思決定プロセスの4つの中核概念について，それぞれについて具体的に説明できるように事例をあげてください。
4. 組織に所属するそれぞれのメンバーは，ある事柄や事象をさまざまな視点から認識し，多義性をもってその意味を解釈します。そこで，意味の共有ないし世界観の共有を図る必要がありますが，どのような方法で行っているのか考えてください。
5. オープン・システムとしての組織は，内部組織の管理システムと外部環境の境界システムの両面を管理しなければなりません。そのために有効な組織化システムはどのように設計していかねばならないか考えてください。
6. 情報システムが意思決定にどのように機能するのか，その可能性と限界について，事例をあげて考えてください。

さらに理解を深めるための参考文献

- ジェームズ・G・マーチ，ハーバート・A・サイモン著，高橋伸夫訳［2014］『オーガニゼーションズ（第2版）』ダイヤモンド社.
- 大月博司・藤田誠・奥村哲史［2001］『組織のイメージと理論』創成社.

第8章　組織の戦略性の追求

POINT

1. マイルズとスノーは，戦略を決定する意思決定者の判断が環境を決定すると指摘しましたが，意思決定者に求められる要件とは何でしょうか。
2. チャンドラーと，アンゾフの研究の違いを説明したうえで，望ましい組織はどのようにデザインすれば良いと両者は考えているでしょうか。
3. マイルズとスノーの意思決定者の戦略的選択と，アンゾフの戦略的決定から，企業家の役割と機能について考察してください。
4. 経営戦略論の2つのアプローチ，ポジショニング・アプローチと，資源ベース・アプローチおよび能力ベース・アプローチに適合する組織形態について整理してください。

Key Word

戦略的選択，ネオ・コンティンジェンシー理論，チャンドラー，アンゾフ，戦略的マネジメント，ポジショニング・アプローチ，ポーター，価値連鎖，資源ベース・アプローチ，能力ベース・アプローチ，バーニー，ミンツバーグ

Summary

本章では，コンティンジェンシー理論が環境決定的な分析視点に立っているという限界を指摘した理論を解説します。組織の戦略性を追求した経営戦略論の発展です。戦略が環境を選択し，選択された環境の不確実性の下で組織が設計されるものと考えられています。

マイルズとスノー（Miles, R. E. and Snow, C. C., 1978）は，戦略を決定する意思決定者の判断が環境を決定していると指摘し，戦略的選択の重要性を主張しました。環境決定的な分析視点ではなく，環境選択的な分析視点です。

チャンドラー（Chandler, A. D. Jr., 1962）は，デュポン社，GM社，スタンダード石油，シアーズ・ローバック社の事業部制組織の歴史的な研究分析の結果，

「組織構造は戦略に従う」という有名な命題を導きました。

また，アンゾフ（Ansoff, H. I., 1965）は，戦略的経営計画の策定と実行プロセスを含めた，戦略的マネジメントという概念を提示しました。そのうえで，当面対応すべき競争的な業務的行動と，未来志向の企業家的な戦略的行動の指標を提示しました。

その後，経営戦略論の研究は，経営組織の研究と連動して進められてきました。そのきっかけとなったのが，ポーター（Porter, M. E., 1980；1985）の競争戦略と，バーニー（Barny, J. B., 1986；1996；2002）に代表される資源ベース・アプローチです。企業の競争優位の源泉を企業外部の構造的要因に求めるポジショニング・アプローチと，企業組織の内部特性に焦点を当てた資源ベース・アプローチと能力ベース・アプローチへと発展した理論がひとつの潮流を形成するに至りました。

1　組織の環境認識と戦略的選択

コンティンジェンシー理論は，環境決定的な分析視点に立っています。環境変化に適応するための組織構造を構築することで業績が向上する，という解釈に疑問が生じてきました。1970年代後半から1980年代のアメリカ産業の急激な環境変化に対し，コンティンジェンシー理論に，**経営者の戦略決定能力**の必要性を主張する研究が見られるようになりました。それは経営戦略論の展開です。

経営戦略の重要性への着目により，組織が環境認識し有利なポジションを選択します。環境変化に適合するように経営資源を活用し，組織能力を形成するアプローチの重要性が明らかになってきました。経営戦略による経営組織のとらえ方は，組織がより主体的に環境に適応することを示唆しています。

経営戦略論では，戦略を策定することに重点を置き，主体が経営者であると位置づけられています。しかし，戦略を実行するのは組織であり，組織メンバーであるという視点に欠けています。戦略の計画のための環境分析に注目するあまり，戦略の実行のための組織分析の視点に課題が残りました。

1.1 マイルズとスノー（Miles & Snow）

マイルズとスノー（Miles, R. E. and Snow, C. C., 1978）は，戦略を決定する意思決定者の判断が環境を決定していると指摘し，**戦略的選択**の重要性を主張しました。組織の環境適応の有効性は，経営者による環境認識のあり方と，環境に適合する組織構造の構築における経営者の意思決定にかかると指摘したのです。

マイルズとスノーは，組織の環境適応のために，**3つの諸問題（企業者，技術，管理）** を同時に解決する必要があると，**組織の環境適応サイクル・モデル**を提示しました（Miles, R. E. and Snow, C. C., 1978. 邦訳p.30.)。

組織の環境適応サイクルは，組織行動の一般的な生理学であり，3つの諸問題（企業者，技術，管理）は複雑に絡み合っており，このサイクルはどこからでも始まることがあり，整合的なパターンとなるというものです（**図8-1**）。

組織のタイプは，**防衛型，探索型，分析型，受身型**の4つのタイプによって

図8-1■組織の環境適応サイクル・モデル

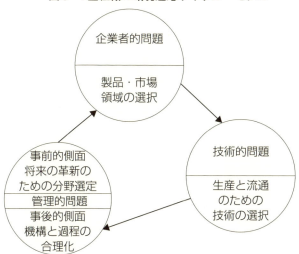

出所：Miles, R. E., and Snow, C. C.［1978］邦訳p.30.

独自の戦略が異なることを明らかにしました。組織のタイプの独自の戦略は，適応サイクルに見られる諸問題に対して，経営者が一貫性をもって意思決定するかに依存していると指摘しました。環境と組織に対する彼らのアプローチは，**戦略的選択アプローチ**，あるいは**ネオ・コンティンジェンシー理論**と呼ばれ，組織が戦略を規定するための分析視点を提供する，経営戦略論の発展につながりました。

2　経営戦略論の研究

経営戦略論の議論では，戦略策定と戦略実行という戦略の2分法に分けられています。そして，組織を戦略実行にかかわる機能としてとらえています。したがって，戦略が組織を規定するという考え方に至っています。

2.1　組織構造は戦略に従う

チャンドラー　（Chandler, A. D. Jr., 1962）は，デュポン社，GM社，スタンダード石油，シアーズ・ローバック社の事業部制組織の歴史的な研究分析の結果,「組織構造は戦略に従う」という有名な命題を導きました。そこで，次の2つのことを明らかにしました。第1は，経営幹部の経歴や個性が組織変革の方向と速度に影響を与えることです。第2は，組織変革は常に従来の行動と管理方式になじまない若い経営管理者によって提唱され，かつ推進されたことです。ここでは，組織内の未利用の経営資源が戦略の変更を促し，それが組織変革を引き起こすことを明らかにしました。

2.2　戦略が組織を規定する

1960年代のアメリカでは，企業環境の急激な変化，企業規模の増大などにともない，経営管理の効果的方法が模索されました。トップ・マネジメント階層における意思決定や長期経営計画という**戦略的マネジメント**の重要性です。

合理的な計画論は，実際の企業の革新的な行動によって把握することができ

るという視点から，経営戦略論の研究を本格的に進めたのは**アンゾフ**（Ansoff, H. I., 1965）でした。アンゾフは，企業の意思決定の違いや種類を提示しました。意思決定の種類は，戦略的決定，管理的決定，業務的決定の3種類でした。伝統的に見られるパターンは，逐次的決定と呼ばれるものです。環境の変化に対して企業は，業務的決定による対応が見られ，管理的決定，戦略的決定に至ります。一方，環境変化の予測を前提にした計画策定や継続的探索によって，環境変化の発生以前に反応するパターンを，企業家的行動と呼んで，アンゾフはこれを重視しました。とくに戦略的決定において，**製品－市場戦略の策定**を中心に扱いました。戦略が組織を規定するという考え方です。

3　経営戦略研究の代表的な2つのアプローチ

なぜ特定の企業は高業績を上げ続けることができるのでしょうか。企業の独自性や競争の源泉とは一体どのような要素があるのでしょうか。企業の競争力の源泉を明らかにし，そのあり方を問うのが経営戦略論です。経営戦略論は代表的な2つのアプローチによって発展してきました。そのひとつが，**ポーター**（Porter, M. E., 1980；1985；1998）に代表される企業外部の市場・環境分析により，成長する業界の有利な位置を獲得しようとする**ポジショニング・アプローチ**です。もうひとつが，ポジショニング・アプローチのアンチテーゼとして出現してきた企業内部の資源・能力分析に依存した**資源ベース・アプローチと能力ベース・アプローチ**です。

3.1　ポジショニング・アプローチ

ポーターは，全社的な企業戦略と事業ごとの競争戦略との関係に焦点を合わせました。自社の産業の業界内でのポジショニング（位置取り）の問題であり，ポジショニングの仕方は，競争優位を獲得するかどうか左右すると主張したのです。ポジショニング・アプローチでは，産業レベルの収益性が個々の企業の収益性に反映するという因果経路が強調されます。業界構造分析により業界の

競争状態を決める**基本的な5つの競争要因**の把握のもと，**コスト・リーダーシップ戦略**，**差別化戦略**，**集中戦略**と呼ばれる3つの戦略を提示しました。

さらにポーターは，競争優位がどのように実現されていくかという問題に対して，**価値連鎖**(かちれんさ)という概念を用いて説明をしました。価値連鎖は，価値創造プロセスの流れを示すもので，主活動とそれを支える支援活動から成り立っています。そこで，競争優位は価値連鎖を構成する個々の活動からだけではなく，活動間の連結を通じて生み出される可能性が高いとされています。

ポジショニング・アプローチの価値連鎖の枠組みは，それを実行するために有効な組織形態を志向する活動につながってきました。たとえば，複数の企業間で購買からサービスまで行う**SCM（サプライチェーン・マネジメント）**という経営手法へと発展しました。1990年代に入って，財務・顧客・社内ビジネスプロセス・学習と成長の4つの視点で，業績管理指標をバランスよく組み合わせた**BSC（バランスト・スコアカード）**などが，広く企業で活用されています。

3.2 資源ベース・アプローチと能力ベース・アプローチ

企業の競争優位の源泉を企業外部の構造的要因に求めるポジショニング・アプローチに対する批判がありました。そこで，企業組織の内部特性に焦点を当てた**資源・能力ベース・アプローチ**と呼ばれる理論がひとつの潮流を形成するに至りました。

資源ベース・アプローチは，ワーナーフェルト（Wernerfelt, B., 1984），およびバーニー（Barny, J. B., 1986；1996；2002）らによって展開されてきました。このアプローチは，事業や製品に基づいた競争戦略よりはむしろ全社的な戦略の策定と実行を重視し，企業の特異な経営資源の開発や蓄積を通じて競争優位を確立すべきだと主張しています。バーニー（1996）は，4つの特徴をもった経営資源が持続的競争優位に寄与すると論じました。①経済価値があり，②希少であり，③模倣困難である，という資源を有し，④かつそれを活用できる組織を有している企業が持続的競争優位を獲得できるというものです。それが問

われる構成要素として公式の命令・報告系統，マネジメント・コントロール・システム，報酬体系などをあげています。

　一方，資源ベース・アプローチから発展したのが，能力ベース・アプローチです。競争優位の源泉を企業内部の要因にあると見る点では資源ベース・アプローチと意見を同じくするものでした。しかし，**資源ベース・アプローチ**では説明が不十分であった資源の開発や更新を念頭に置き，それを可能にするものとしての組織のプロセスに注目しました。**能力ベース・アプローチ**は，既存の経営資源を活用する，あるいは新たな経営資源を開発する，といった組織能力を持続的競争優位の源泉として着目しています。このように，資源ベース・アプローチと，能力ベース・アプローチは，経営戦略の計画段階に重点を置くのではなく，実行段階に重点を置いています。つまり，**経営資源の活用**と**組織能力の開発**に向けた組織づくりに焦点が合わされています。

　その後，個人の暗黙知を組織における形式知に換え，知識を共有するナレッジ・マネジメントは，**知識ベース・アプローチ**と呼ばれ，**知識創造**する**組織学習プロセス**を明らかにした研究です。また，ゲーム理論を活用して競争と協調の問題を，組織間関係でとらえようとしたのが**ゲーム・アプローチ**です。このように，経営戦略論の議論の発展は，計画内容から実行方法を課題とする，経営組織の研究へと移行していったといえるでしょう。

4　経営戦略論と経営組織研究

　戦略を立案するのは，経営者層や戦略スタッフだけでなく，マネジャーや組織メンバーも含まれます。しかし現実には，戦略は経営者層や戦略スタッフによって立案され，実行するのはマネジャーや組織メンバーの役割であると考えている企業が少なくありません。立案された戦略は，目標と計画として明示された後，実行に移さなければ意味がありません。戦略の実行段階においては，組織メンバー全員がその参画対象となることはいうまでもありません。したがって，**戦略の計画段階**と**戦略の実行段階**で，役割分担が分断されてしまうと，

意図するような結果は生み出せなくなります。

　戦略の計画段階に，組織メンバーの多くを参画させることが重要であると考えることもできます。しかし，取り組むテーマや課題によって組織メンバーの選定などが困難であり，多くの時間を要します。では，組織メンバー全員が戦略の立案と計画を担うのはどうかという考え方も出てきそうです。実際にこのような考え方に基づいて事業活動を展開しようとする企業もありますが，現実的ではありません。したがって，最終的な意思決定の権限と責任は経営者に帰結することになります。

5　組織の戦略性の追求の現代的意義

　企業は戦略を策定し，それを実行するための組織を作る必要があります。戦略の計画から実行までを組織に結びつけ，戦略と適合した組織をいかに作るかという**戦略経営の視点**が重要な意味をもちます（石井・奥村・加護野・野中，1996）。

　ティース（Teece, D, J., 2007）によれば，企業の戦略は，外部や競争関係における環境変化を，戦略形成プロセスの分析だけでなく，戦略実行プロセスのダイナミックス（時間をつうじた変化）の問題として扱わねばならないと指摘しています。

　ミンツバーグ等（Mintzberg, H., Ahlstrand, B., and Lampel, J., 1998）は，分析的な伝統的戦略論の考え方に疑問を投げかけ，ダイナミックな戦略形成プロセスに注目した研究を行っています。戦略を**意図された戦略**と**実現された戦略**の2つに分類したうえで，あらかじめ意図された戦略が常に実現された戦略なのであろうか，という問題意識を提示しています。ミンツバークの指摘は，組織形態と組織能力の関係に着目した研究につながっています。

■章末問題■

1. 経営者は環境適応のために，組織の戦略的選択が重要です。それを実現するために経営者の求められる役割と機能とは何かを調べてください。
2. 企業組織が外部環境を認識するのは，どのような方法で行い，意思決定は誰が行うのか，事例をあげて調べてください。
3. 戦略と組織を共進化させるために，企業組織のミドルマネジャーの役割と機能について調べてください。
4. チャンドラーのいう「組織構造は戦略に従う」のか，それとも，アンゾフのいう「戦略は組織に従う」のか，それぞれの主張する要点について，その可能性と限界を整理して考えてください。
5. 経営戦略の研究アプローチとして，ポジショニング・アプローチと，資源・能力ベース・アプローチは，組織研究にどのような影響と関係を与えたのか考えてください。
6. 環境変化を先取りした経営戦略，それを実現する経営組織による組織活動に影響を与える要因について，組織文化，組織能力，組織学習の役割と合わせて考えてください。

さらに理解を深めるための参考文献

- 十川廣國編著［2006］『経営学イノベーション2－経営戦略論』中央経済社.
- 大平浩二編著［2016］『ステークホルダーの経営学－開かれた社会と持続可能な企業（第2版）』中央経済社.

第9章　組織の創発性の追求

POINT

1. ウェーバーの官僚制は，優れた機械のような技術的卓越性がありますが，官僚制の逆機能も指摘されています。官僚制の逆機能にはどのような現象が見られるのか説明してください。
2. ミンツバーグは，多角化した大企業で，「いきすぎた合理性」に対して警鐘を鳴らしました。「いきすぎた合理性」について説明してください。
3. 組織に多少のゆとり「スラック」を設けた非合理的な組織も有効ですが，どのような組織形態が，これらに適合すると思いますか。
4. 組織によるイノベーションを生み出すために，知識創造を可能にする組織づくりが求められます。知識創造について説明してください。

Key Word

官僚制組織，官僚制の逆機能，いきすぎた合理性，非合理性，ミンツバーグ，マネジャーの仕事，計画的戦略，創発的戦略，スラック，統制の幅，知識創造，暗黙知，形式知，SECIプロセス

Summary

　組織を効率的に運営するためには，何らかの規則，ルール，制度が必要です。それらは，組織が有効性と能率を高めるため合理的な活動の基盤となります。しかし，既に見てきたように，組織は環境への適応が求められるため，決められた規則，ルール，制度が適合しない場合が出てきます。それが，官僚制の逆機能です。

　このような現象に対して，組織は非合理な活動を余儀なくされます。組織の合理的で計画的な活動だけではなく，組織の非合理的で創発的な活動も重要になります。そこで，多角化した大企業に見られる「いきすぎた合理性」に対して，警鐘を鳴らしたのがミンツバーグ (Mintzberg, H., 1989) です。

> 1960年代の経営戦略論に共通する考え方は，環境や情報を事前に十分に収集分析し計画を策定するという，「計画的戦略」が重要であると考えられてきました。しかし，ミンツバーグは，「計画的戦略」とは反対に，環境変化に即興で対応した「実現戦略」が有効なこともあることを発見しました。そして，「いかにして戦略を形成すべきか」という従来の戦略論とは異なる，「いかに戦略が形成されていくか」という観点から，「戦略の工芸制作（crafting）」という考えを提唱しました。
>
> このような組織の非合理性を取り込んだ事業活動のためには，次の2つの活動が必要になります。第1は，組織メンバーの主体的な能力開発です。第2は，オープンな組織文化の醸成です。さらに，知識創造による知識資産の蓄積と活用が重要になり，組織の創発性を追求する活動の重要性が問われるようになりました。

1 官僚制組織から新たな組織へ

ウェーバーによって指摘された合理的組織として官僚制組織があります。その特徴を簡単に整理しておきましょう。ウェーバーの近代官僚制組織は，前近代に見られる家父長制的な支配に基づく官僚制とは異なります。組織を構成する人間の関係は，能率を重視する**非人格的**な結びつきによって成り立っているとされています。血縁によるつながりや感情的な結びつきなどではなく，合理的な**規則**に基づいて体系的に配分された役割にしたがって人間関係が形成されているということです。

例えば，近代官僚制の特徴は，①権限の原則，②階層の原則，③専門性の原則，④文書主義です。ウェーバーは，近代官僚制のもつ合理的機能を強調し，官僚制は優れた機械のような技術的卓越性があると主張しました。しかし，官僚制支配の浸透によって，個人の自由が抑圧される可能性があります。そして，官僚組織の巨大化によって統制が困難になっていくといった，近代官僚制のマイナス面について予見している点は見落としてはなりません。

1.1 官僚制の逆機能

ウェーバーが詳しく言及しなかった近代官僚制のマイナス面については、ロバート・キング・マートン、アルヴィン・グールドナー、フィリップ・セルズニック、ハロルド・ラズウェルなどのアメリカの社会学者・政治学者たちの官僚制組織の詳細な研究によって明らかにされました。なかでも、マートンによる「**官僚制の逆機能**」についての指摘は有名です。

官僚制の逆機能とは官僚主義と呼ばれて、次のような現象が生み出されることを指摘しています。例えば、①**規則万能**、②**責任回避・自己保身**、③**秘密主義**、④**画一的傾向**、⑤**権威主義的傾向**、⑥**繁文縟礼**（膨大な量の文書を作成し、保管することが目的と化してしまうこと）、⑦**セクショナリズム**、です。

1.2 事業部制組織

多くの大企業において、環境適応のために多角化にともなって採用されているのが事業部制組織と呼ばれる組織構造です。事業部制組織では、業務は**日常的な部門（事業部）**と**戦略的な部門（本社）**に区分されています。組織メンバーの立場からは、各自の業務に専念でき、より有効性と能率を高める業務遂行が可能になります。とくに、本社部門の戦略立案業務を高めるために、より詳細な情報の収集と分析が求められることとなり、必然的にシステム化や合理化が進みました。

しかし、事業部制組織における過度のシステム化と合理化によって、官僚制の逆機能で既に指摘された現象が起きることも指摘されるようになりました。

2 いきすぎた合理性

1970年代後半から1980年代頃のアメリカ企業は、効率を追求するあまり非効率に陥りました。とくに、戦略立案にあたって環境分析のための情報収集に多くの人材を配置し、情報システムへの投資などを進めました。情報の収集と分

析を行うシステムに過度に依存する活動が展開されました。経営合理化が必要以上に進められた結果，戦略実行の現場での活動が疎かになったからです。さらに，戦略が現実に適応していない場合でも，戦略を優先することで，自ずと業績は低迷することになったのです。

多角化した大企業に見られる「**いきすぎた合理性**」に対して，警鐘を鳴らしたのが**ミンツバーグ**（Mintzberg, H., 1989）です。

2.1 組織の非合理性

ミンツバーグは，このような状況を目の当たりにし，「いきすぎた合理性」と批判しました。組織には非合理的な要素が重要であることを主張したのです。ミンツバーグの理論に基づいて，どのような組織の非合理性が存在するのか見ておきましょう。

2.1.1 マネジャーの仕事における非合理性

マネジャーの役割について記した文献は多数存在します。そのなかでも，ミンツバーグ（Mintzberg, H., 1973）は，「マネジャーが現実には何をしているのかについて追求した文献は存在しない」との問題意識から実証研究を進めています。そして，現実のマネジャーの活動を明らかにするために観察調査を行いました。マネジャーの職能に関する研究です。実証研究の結果，マネジャーの仕事内容が，従来の経営管理職能論に関する文献のなかで提示されていたものとは大きく異なっていることが明らかになりました。

伝統的な経営管理職能論では，**マネジャーの仕事**は，思考と分析を行う活動が中心で，情報を分析し戦略立案が中心であると考えられていました。しかし，実際のマネジャーの仕事は極めて多様で，細切れで，不連続なものでした。マネジャーたちは，文書など**ハードな情報**よりも，口頭でもたらされる**ソフトな情報**を重視していたことを発見しました。このように，マネジャーの仕事は，合理的な活動より非合理的な活動が，組織の有効性と能率を高めていることを明らかにしたのです。

2.1.2 経営戦略の非合理性

経営戦略は,計画を立てることに重点を置いて体系化されていきました。1960年代の経営戦略論に共通する考え方は,環境や情報を事前に十分に収集分析し計画を策定するという,**計画的戦略**が重要であると考えられてきました。環境変化,市場動向,自社の強み,自社の弱み,競合他社の状況を分析し,用意周到を期して最高の戦略を作りあげることでした。しかし,環境変化,市場の動向,競合他社の状況など,急激に変化することも少なくありませんでした。予測できなかった情報に対する対応には限界がありました。そのため,合理的に計画された戦略であったとしても,急激な変化の状況に遭遇することで失敗することもありました。

計画的戦略とは反対に,環境変化に即興で対応した**実現戦略**が有効であることを発見しました。実際の企業を成功に導いた実現戦略を考察してみると,計画的戦略以外のものが少なくありません。計画されなかった戦略とでもいえる戦略です。ミンツバーグは,この計画されなかった戦略を,**創発的戦略**(そうはつてきせんりゃく)と名づけました(図9-1)。

経営戦略は合理的な計画的戦略だけでなく,非合理的な創発的戦略も有効であることを指摘しました。創発的戦略は,本社スタッフ部門で策定されるとい

図9-1:戦略の形態

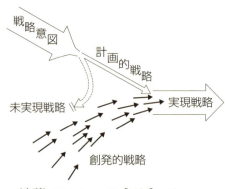

(出所)Mintzberg, H. [1987] p.12.

うよりかは，各部門のラインや現場で，実際の活動のなかで形成されていくものです。計画的戦略は環境変化への対応に弱いのに対して，創発的戦略は環境変化に機敏に対応と修正ができるといえるでしょう。

2.1.3 組織構造の非合理性

合理的な組織構造の代表例は官僚制組織もそのひとつです。厳格な規則・ルール・制度によって，階層別・職能別に専門化され分業化されて機能する組織です。しかし，組織が硬直化し，従来のやり方を踏襲するという組織の慣性に陥りやすいのです。とくに，環境変化が激しくなると，官僚制組織は創造性を阻害するともいわれてきました。官僚制の逆機能は，環境変化が増すと顕著になってきます。

環境変化への柔軟な対応が求められるという観点から見ると，組織に多少の**スラック（ゆとり）**を設けた非合理的な組織も有効です。例えば，相互のつながりや結合が緩やかで，フラットな組織構造として，**ネットワーク組織**や**プロジェクト・チーム**，さらに**クロスファンクショナル組織**などの導入が求められています。非公式組織にとどまらず，公式組織においてもスラック（ゆとり）を設けることが大切です。なぜなら，組織メンバーの心理面においても行動面においてもゆとりを生み出し，創造的な活動につながる可能性が広がるからです。

スラック（ゆとり）を設けた組織構造は，ITを活用することで，ひとりの上司が有効に監督できる部下の数である**統制の幅（span of control）**を広げることが可能になります。その結果，官僚制組織に見られるような多くの階層が減少し，迅速な意思決定のために，多くの権限が現場に委譲されます。さらに，現場の創造性が尊重され，多様な価値観を容認する組織文化が生み出されます。事業活動のなかで，さまざまな意見が生まれ創発的戦略が創出される可能性が，官僚制組織に比べて高いといえるでしょう。

組織構造の非合理性を活かすためには，現場の組織メンバーに高い能力が求められます。また，組織のスラック（ゆとり）を増大させるためには，組織メ

ンバーの能力の高度化という大きな課題を解決しなければなりません。

3　組織の非合理性を活かした活動

　組織の非合理性を取り込んだ事業活動のためには，次の2つの活動が必要になります。第1は，組織メンバーの主体的な能力開発です。第2は，オープンな組織文化の醸成です。

　第1の，組織メンバーの主体的な能力開発のために，企業側も組織メンバーの各階層と各職能の人材開発活動が欠かせません。そのために，企業は教育訓練や人材開発に力を入れています。経営人材の開発などの**ゼネラリスト**から，マネジメントなどの階層別研修，仕事に応じた職能別研修など，専門性の高い**スペシャリスト**の育成です。

　近年では，新卒一括採用，終身雇用制から，専門能力の高いスペシャリストを異業種などからも積極的に中途採用する動きも活発です。また，人事制度の改革で，多様な人々が働きがいだけでなく，労働安全衛生面にも十分配慮した仕事環境を創りだすことに，多くの企業は取り組んでいます。

　第2の，オープンな組織文化の醸成ですが，これは，組織メンバー間でコミュニケーションによる相互作用を促進する，組織構造や組織形態の工夫が重要です。組織メンバーの価値観や行動が，比較的長い時間を要して組織文化として定着します。そのための組織づくりが極めて重要です。

　環境変化が激しいなかで，組織が環境に適応するためには，**創発的戦略**に加えて，可変的な組織を迅速に作り変え続けなければなりません。そのため，ゆとり「スラック」を設けることが有効です。オープンな組織から，多様性を容認し創造性を発揮する組織文化が生まれるからです。

4　情報活用から知識創造へ

　知識は，ヒト，モノ，カネ，情報，の次に来る第5の経営資源です。知識は，

第9章 組織の創発性の追求

図9-2■4つの知識変換モード

出所：Nonaka, I. and Takeuchi, H.［1995］

データ・インテリジェンスなどと呼ばれている情報とどのように違うのでしょうか。**知識とは**「**正当化された真なる信念（Justified True Belief）**」です。その定義について理解を深めるために次に2つ分類を見ていきましょう。

ポラニー（1967）は、「暗黙の語りにくい知識」（暗黙知）の側面を、「明示された形式的な知識」（形式知）に対するものとして指摘しました。暗黙知と形式知は、企業組織にとって重要であり、2つの知識を個人・集団・組織全体の各レベルで創造することで、価値ある活動を追求すると説明されています。つまり、**知識創造のプロセス**は、暗黙知と形式知の相互作用で説明することができます。暗黙知と形式知を組み合わせることで、知識変換パターンを想定することが可能になります（図9-2）。

4.1 SECIプロセス

共同化（Socialization）は、暗黙知から新たに暗黙知を得るプロセスです。個人対個人で、フェイス・トゥー・フェイスでの接触、場、経験を共有することです。**表出化（Externalization）**は、暗黙知から新たに形式知を得るプロセスです。思いをもつ個人が、集団との相互作用で刺激を受け、他者の思いや

概念を共有することです。**連結化**（Combination）は，形式知から新たに形式知を得るプロセスです。単にドキュメントや意味情報の共有化だけではなく，コミュニケーションや言語のインフラ，ネットワークが不可欠になります。**内面化**（Internalization）とは，形式知から新たに暗黙知を得るプロセスです。組織の中の一個人や集団が創造した知識が，組織的に正当化され，その後再び集団の一個人のレベルにまで至ることです。

こうしたプロセスを，日常的に知識ワーカーが繰り返し，継続的知識創造が行われることが重要になります。一連のプロセスである，**共同化（S），表出化（E），連結化（C），内面化（I）**の頭文字を取って，**SECIプロセス**と呼んでいます。SECIプロセスを躍動させるためには，自己・集団の各レベルで，自己発展，自己超越するという視点が必要です。企業経営にとって，SECIプロセスの基盤にあるのは，事業目的，存在意義を再確認することであり，そのためには，経営理念を経営活動と結びつけなければ，知識創造経営の根本が崩れてしまいます。

5　組織の創発性の追求の現代的意義

組織の創発性の追求には，組織の合理性だけではなく，非合理性もバランス良く取り入れてマネジメントすることが重要です。ここでは，多様な組織メンバーや，外部組織のメンバーとの協働をいかに進めるかという活動が，組織によるイノベーションを生み出す基盤となります。

組織は，メンバーの個人能力としての**制約された合理性**を克服するための活動が欠かせません。そのため，分業化，専門化の原理に基づいて，仕事の細分化，階層化など，官僚制組織を作りあげてきました。

多角化した大企業に見られる「**いきすぎた合理性**」に対して，警鐘を鳴らしたミンツバーグの指摘は重要です。組織には非合理的な要素があり，それを取り入れた組織形態をどのように作るのかという視点です。戦略の計画的な合理性を追求するプロセスで，非合理性を取り入れて組織の創発性をどのように活

かすのかということでもありました。その中核になる要素として，情報活用から知識創造を可能にする組織形態が考えられます。

とくに，**組織**による**イノベーション**を生み出すには，情報活用から知識創造を可能とする**ナレッジ・マネジメント**が有効な視点です。このナレッジ・マネジメントの知識創造のメカニズムは，SECIプロセスで説明されてきましたが，これらを実現できる組織形態が求められます。そこで，組織形態の新しいモデルとして，野中他（1993）が提唱するハイパーテキスト型組織があります。**ハイパーテキスト型組織**は，階層的な特徴はなく，組織のパーツが相互に関連しあっていて，特定の意味やビジョンによってある種階層組織のような秩序をもって機能することを特徴としています。

もうひとつは，**ガルブレイス**（Galbraith, J. R., 1993）の，**ハイブリッド型組織**があります。顧客や地域別に組織された企業のフロントエンドと，製品や技術に応じて組織されたバックエンドの活動を分離されています。このハイブリッド型組織は，戦略の多様さや異なる付加価値の種類や大きさによって，常に変化させる必要があることが特徴です。

以上のように，**創発性の追求**の考え方は，**情報活用**から**知識創造**を促進するため，新たな組織形態を模索することです。そこから，イノベーションが創出されると考えられます。

■章末問題■

1. 現代社会のさまざまな組織においても，官僚制の逆機能の現象が見られます。身の周りで見られる具体的な事象をあげてください。
2. ミンツバーグは，多角化した大企業に見られる「いきすぎた合理性」に警鐘を鳴らしました。いきすぎた合理性の具体的な取り組みについて調べてください。
3. 知識創造を可能にする組織はどのように設計していけば良いのでしょうか。ハイパーテキスト型組織とは何か，事例をあげて調べてください。
4. ミンツバーグによる，マネジャーの仕事の研究では，マネジャーは非合理的な活動に多くの時間を割かれていることが明らかになりました。本来，マネジャーは合理的で戦略的な仕事をするべきではないでしょうか。その是非を考えてください。
5. 組織の創発的戦略の重要性は理解できたとしても，そもそも組織は，外部環境に適応する計画的戦略を遂行すべきではないでしょうか。創発的戦略はどのようにマネジメントしていけば良いのか考えてください。
6. 組織の非合理性を活かす組織づくりでは，ゆとり「スラック」が増大するのでそれは有効な組織づくりになるのかどうか考えてください。

さらに理解を深めるための参考文献

- ミンツバーク, H. 著, 池村千秋訳［2011］『マネジャーの実像「管理者」はなぜ仕事に追われているのか』日経BP社.
- 野中郁次郎・遠山亮子・平田透［2010］『流れを経営する－持続的イノベーション企業の動態理論』東洋経済新報社.
- 大月博司・高橋正泰［2003］『経営組織』学文社.

第Ⅲ部
マクロ組織の理論

　マクロ組織論の理論は，外部環境と組織適応にかかわるテーマを扱います。

　第10章では，組織形態と組織能力の関係について説明します。次に，組織形態の基本型について説明します。また，組織デザインと設計原則については，専門化・分業，部門化・公式化・標準化・分権化から解説します。経営資源と組織能力について，組織デザインによってどのように形成されるのか，そのプロセスについて説明します。

　第11章では，組織文化と組織学習の関係について説明します。サイモンを代表とする，制約された合理性仮説のなかで，除外されるかあるいは軽視されていた人間の価値観，とりわけ集団的な価値観が注目されるようになりました。それは，組織文化や組織学習のあり方が，個人や組織の能力，活動，成果に深くかかわりがあるのではないかと考えられるようになってきたからです。

　第12章では，組織進化と組織変革について説明します。最初に，組織のライフサイクルの発達段階に応じた組織変革の理解を深めます。次に，組織形態の構成要素から組織変革を検討するうえで，職務間のボトルネックを解消することが重要であることを確認します。最後に，組織変革の研究を整理し，組織変革の促進要因を，マクロ的な視点とミクロ的な視点の両側面から考察します。組織変革を必要とする経営者ないし経営者層の環境認識のスタイルによって，変革の方向性が異なります。

第Ⅲ部　マクロ組織の理論

第10章　組織形態と組織能力

POINT
1. 分業により分担をしないと熟練した仕事ができませんが，分業と同時に，なぜコンフリクト（対立）が始まるのか説明してください。
2. 分業の問題点を克服するための有効な組織構造の設計について，専門化，部門化，標準化，公式化，分権化，という用語で説明してください。
3. 組織構造，組織形態，組織デザインの違いについて説明してください。また競争優位の組織能力が形成されるための組織の条件をあげてください。
4. ティースの，ダイナミック・ケイパビリティとは何か，組織能力とどのように違うのか整理してください。

Key Word
分業，専門化，部門化，標準化，公式化，分権化，機能別組織，事業部制組織，カンパニー制組織，持株会社制，マトリクス組織，アメーバ組織，プロジェクト組織，経営資源，組織能力の概念体系，組織ルーティン，組織構造，組織形態，組織デザイン，ダイナミック・ケイパビリティ

Summary

　組織形態の基本型である，機能別（職能制）組織，ライン組織，ライン・アンド・スタッフ組織，事業部制組織，マトリクス組織，アメーバ組織について説明します。

　組織デザインと設計原則について，専門化・分業，部門化・公式化・標準化・分権化から解説します。経営資源と組織能力について，組織デザイン（専門化・分業，部門化・公式化・標準化・分権化）によってどのように形成されるのか，そのプロセスについて説明します。

　組織形態の基本型の研究は，その成果を問う研究へと関心が移行してきました。経営戦略論の分野では，1990年代以降，企業や組織体が有する経営資源と組織能

力の重要性が再認識されるようになってきました。

　現実の企業の経営者の立場から，あるいは，より正確に企業の将来性を予測しようという立場から，経営資源と組織能力は区別したほうが，有効な戦略的意思決定ができると考えられました。したがって，本章では組織能力を，経営資源と分けてとらえています。

　ティースとピサノ（Teece, D. J. and Pisano, G., 1994）は，組織能力を，ダイナミック・ケイパビリティと呼び，その性質について，個人や組織が実践をつうじて獲得する習慣やルーティンを扱っています。ルーティンは，ある組織が実際に行っていることを表すのにたいして，ケイパビリティの場合，ある組織が，さらに資源の再配分を行えば，実行できるようになるかもしれないことをも含んでいます。

　このように，企業のルーティンは，ケイパビリティの部分集合であり，企業の実現可能な事柄に影響を及ぼします。

1　分業の種類と組織形態

　組織は2人以上の複数の人が仕事を分業することで始まります。**分業**はまず複雑な一連の流れからなる仕事を区分します。区分すると仕事をやりやすく単純化することができます。単純化すれば，その仕事に慣れていない人でも短時間で熟練することができます。単純化は仕事の専門化にもつながります。

　分業の種類は，大きく分けて**垂直分業**と**水平分業**があります。沼上（2004）によれば，水平分業はさらに機能別分業と並行分業の2つに分けられます。一般に，**考える作業**と**実行する作業**の分割や，長期戦略を策定するタスクと短期の現場適応を考えるタスクを分離することを垂直分業といいます。一方，水平分業は，直列型の機能別分業の場合，各作業者はリレーの走者のような協働関係にあり，並列型の機能別分業の場合はチーム競技における協働関係にあります（図10-1）。

図10-1 ■垂直分業と水平分業

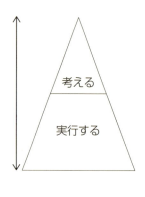
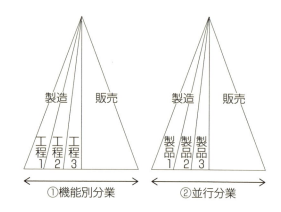

出所：沼上［2004］p.43.

　分業によって生産性が飛躍的に上がります。しかし，マイナスの側面もあります。人は単純化された単調な仕事に飽きて，パフォーマンスが上がらない傾向に陥るからです。人間を機械のように扱ってしまい，人間疎外による生産性低下という現象です。

1.1　分業がもたらす問題点

　分業によって個々の作業者には全体の仕事の流れが見えなくなります。その結果，自分たちの仕事の範囲に限られた利益や進め方に固執し，部分最適を追求する傾向に陥ります。分業すると，分担する仕事の流れの切れ目ごとに，異なる価値観や組織文化が生まれる傾向があります。本来は，仕事の一連の流れを見ることで，全体最適を協働によって追求しなければ意味がありません。とくに，垂直分業における，考える仕事と実行する仕事との分断や，水平分業の機能別分業では，**協働する意識**より**対立する意識**が強くなってきます。

　どの企業でも分業により分担をしないと，熟練した仕事ができません。ところが，分業と同時に，こうした**コンフリクト（対立）**が始まります。そもそも

人間は，仕事を担当するうえでも自らの存在意義（アイデンティティ）を確立したいと考えています。実はコンフリクト（対立）は，個人や集団の満足を求める根源的な欲求であると考えられます。

この対立を個人ごとや集団ごとの競争心として刺激する施策で，企業は高い業績を生み出そうとする側面があります。個人や集団の組織における評価につながる，**インセンティブ・システム**と呼ばれる制度です。その場合，部分最適を評価基準にすることも少なくありませんが，実は全体最適が達成されることを評価基準にする必要があります。したがって，その場合，インセンティブ・システムの設計も，企業が十分に配慮して調整しなければなりません。

1.2 専門化，部門化，標準化，公式化，分権化

分業の問題点を克服し促進させる組織を作るために，**専門化，部門化，標準化，公式化，分権化**を図ります。これら組織づくりの5つの次元は，組織構造の枠組みになります。分業を効果的に進めるために，組織構造を設計することです。

専門化は，分業することで個人の仕事も分割されます。ひとりの人間がすべての仕事を行うことには限界があるからです。また，個人が担当する仕事の場所や設備，個人の特性として知識や技能など，専門化する基準が多様です。しかし，組織レベルでは，個人の仕事の専門化の括りを決めて分担することが重要です。

部門化は，個人の専門化された分担を組織レベルで設計することです。個人の知識や技能を中心にした部門化は，**機能別組織**です。一方，製品やサービス，市場や顧客の特定を中心にした部門化は，**事業部制組織**です。その他に，企業が社会的に求められて新たな部門化を図ることがあります。

標準化は，組織が秩序を維持し，社会に貢献し存続するための前提となる活動です。組織の有効性と能率は，仕事を標準化することと直結しています。この標準化は，個人レベルにおいて組織メンバーの作業，業務だけでなく，マネジャーの仕事，経営者層の戦略と組織の活動においても見られます。

公式化は，組織の規則，ルール，手続きなどを，組織メンバーが共通に理解し，再現できるように文書化することです。標準化された作業，業務，仕事などの手順として，マニュアル化され可視化(かしか)することでもあります。しかし，いきすぎた公式化は，環境や状況変化への適応行動を阻害する場合があります。

分権化は，組織の権限を現場や組織メンバーに委譲(いじょう)される程度のことをいいます。その反対は集権化であり，組織の権限を経営者層に集中する程度のことを示します。環境や状況変化への適応行動のためには，現場や組織メンバーの活動から得られた情報や判断を，組織が重要視する分権化が欠かせません。

2人以上の人びとが分業により仕事を効果的に進めるには，専門化，部門化，標準化，公式化，分権化による組織づくりの次元が考えられます。これら5つの次元は，組織構造の主要な型です。そこで，組織の活動を有効に進めるには，常に環境や状況に適応する組織形態へと変化させていくことが求められます。つまり，**組織構造**の設計と，環境や状況に適した**組織形態**へと変化させる取り組みは，**組織デザイン**の領域の活動です。この組織デザインによって，企業は，社会における貢献や顧客への価値の提供などを生み出す，競争優位の組織能力の形成へとつながっていきます。

2 実際的な組織構造の種類

創業間もない企業は，通常単一の事業から始まります。単一の製品や単一事業分野からスタートして，製品種類が増え，さらに多角化へと事業拡大します。単一の事業における職能としては，販売・営業，生産・製造，研究・開発，管理といった機能別に水平分業されます。この組織構造を，**機能別組織（あるいは職能別組織）** と呼びます。一方，多角化した企業では，製品別に職能を担う事業部が形成され，それを**事業部制組織**と呼びます。組織構造の基本形は，機能別組織と事業部制組織の2つです。

2.1 機能別組織

組織構造は分担と調整の幅によって，横の部門の区切りや縦の階層の数が決まってきます（**図10-2**）。階層の数が多く縦長の組織（**ピラミッド型**）になることも，逆に階層の数が少なく横長の組織（**フラット型**）になることもあります。縦長の組織では，権限が上層部に集中するため，日常活動にかかわる管理や意思決定に時間がとられ，とくに経営者層は戦略構築に余裕をもって時間がもてないという問題があります。また，各機能別のマネジャーや組織メンバーの活動や判断などの権限が限定されるために，新たな仕事に挑戦する意欲が低くなったりする問題もあります。

これらの縦長（たてなが）の組織の問題点を克服するためには，できる限り縦の階層を少なくした横長（よこなが）の組織を作ることが有効です。縦の階層が少ない横長の組織であれば，各人に与えられる業務の幅が広くなり，仕事量も多くなります。しかし，ひとりができる業務の幅と仕事量にも限度があります。この業務領域の大きさとそれに付帯する権限の範囲のことを「**スパン・オブ・コントロール**」といい，組織構造を決める重要な要素になります。

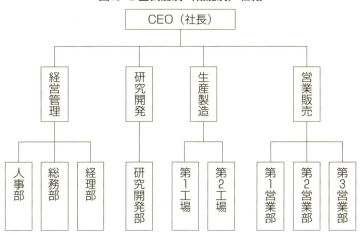

図10-2 ■機能別（職能別）組織

2.2 事業部制組織

　企業が，多様な製品・市場分野に進出すると，個々の製品や事業ごとに経営資源を管理することが困難になります。事業活動の**多角化**により，経営管理が複雑化します。そこで，企業全体の活動を，製品別，市場別，地域別に分けて，各部門が自主的に独立採算制により事業活動を管理したほうが効率的です。この**独立採算制**による経営組織を，**事業部制組織**と呼んでいます（図10-3）。

　各事業部における目標が明確になるため，業績評価が容易になります。また，全社の経営者の機能を権限委譲するため，各事業部の責任者の後継経営者として育成の場として利用可能になります。

　一方，事業部制組織の独立採算制の特性は，全社の部門間で競争が生まれ，**セクショナリズム**の組織文化などの弊害が生まれる場合もあります。その結果，事業部間のコミュニケーションも疎遠になり，全社的に非効率な活動に陥ることも考えられます。

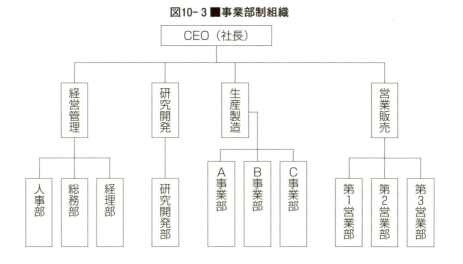

図10-3 ■事業部制組織

2.3 カンパニー制組織

　カンパニー制組織は事業部制組織の拡大によって生まれてくることも多いため，事業部制組織のバリエーションのひとつということができます。カンパニー制組織の目的は，特定の製品が中核事業へと発展したことで一層の強化や新規事業の開発など，迅速な組織形態を創造することが主なねらいです。また，環境変化に対して迅速な事業活動を展開するための組織形態でもあります（図10-4）。

　事業部制組織の最高経営責任は，全社部門の経営者になりますが，カンパニー制組織の最高経営責任は，全社部門の管理の傘下にいるとはいえカンパニーの経営者です。しかし，全社部門の経営者とカンパニーの経営者の権限をどのように位置づけるのか，さまざまな課題が残されています。

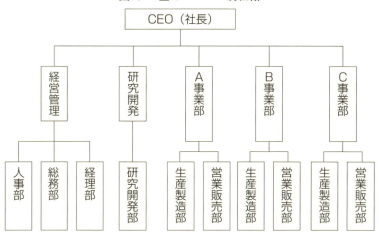

図10-4 ■カンパニー制組織

2.4 持株会社制

　持株会社制は，他社も含め経営支配を目的として，いくつかの企業の株式を

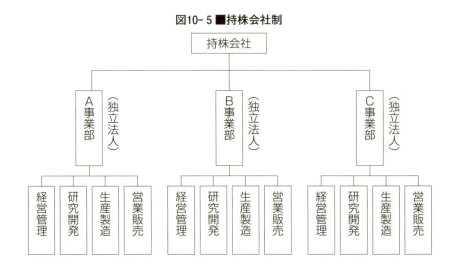

図10-5 ■持株会社制

保有し，本社機能に特化した会社形態です。**ホールディングカンパニー制**とも呼ばれています。持ち株会社は，子会社の議決権行使を通じ子会社の意思決定と人事権に限定して関与することができます。持株会社は，2つに分けられます。ひとつは，主たる事業をもたず，株式の所有によって他社の事業活動を支配する純粋持株会社です。もうひとつは，自ら主たる事業をもち，かつ他社の事業活動を支配する事業持株会社です（図10-5）。

持株会社への意向のねらいは，経営判断の迅速化，コーポレート・ガバナンスの確立，経営人材の早期育成，そしてグローバル競争下におけるM&A（合併・買収）を容易にすることなどがあげられます。

2.5 マトリックス組織

マトリックス組織は，機能別組織と事業部制組織の長所をともに取り入れようとする組織形態です。事業部制組織の課題である，**セクショナリズム**を解消するねらいで考えられた組織形態です（図10-6）。例えば，製品別の事業部制組織を基本とする場合，各事業部の営業・販売，生産・製造，研究・開発などの機能部門に，本部から横串の意思決定への関与をする組織形態のことです。

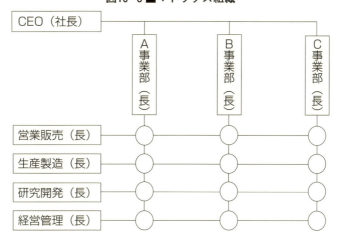

図10-6 ■マトリクス組織

こうすると製品別の縦の階層組織からだけでなく，機能部門からの横の機能組織の情報も共有できます。

しかし，マトリックス組織のねらいは素晴らしいのですが，短所が多いといわれています。事業部内の機能単位組織は，事業部長からの指図を受けると同時に，機能部門の部長からの指図も受ける必要が出てきます。いわゆる命令系統が2つになるため，**2ボス・システム**と呼ばれます。

2.6　アメーバ組織

アメーバ組織とは，京セラの創業者である稲盛和夫氏が，経営するなかで，京セラの経営理念を実現するために創り出した独自の経営管理手法のことです。組織をアメーバと呼ぶ小集団に分けて事業活動を推進する組織形態です（**図10-7**）。仕事の流れにおいて，ボトルネックを生じさせないための工夫がなされています。前工程から材料を買い，次工程を顧客として売るという形態をとっています。

各アメーバのリーダーは，それぞれが中心となって自らのアメーバの計画を立て，メンバー全員が知恵を絞り，努力することで，アメーバの目標を達成し

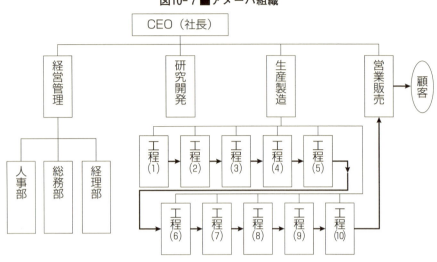

図10-7 ■アメーバ組織

ていくことを目的にしています。そして，現場の社員ひとりひとりが主役となり，自主的に経営に参加する「全員参加経営」を実現する組織です。

2.7 プロジェクト組織

プロジェクト組織とは，企業重点課題などを解決するための，期間を限定した組織のことです（**図10-8**）。課題解決に必要なメンバーを，各部署から横断的に集めて編成され，目的が達成されるか，決められた期間が終了されるとそのプロジェクト組織は解散します。プロジェクトにかかわるメンバーは，通常は部門に配属されていますが，限られた期間だけ特定課題の解決メンバーとして活動することになります。

プロジェクトのマネジャーは，機能別組織を横断する役割を求められるため，生産，販売，開発，管理などの幅広い知識と，組織全体をマネジメントする能力が欠かせません。プロジェクト組織のなかでも有効な組織形態として，階層も部門も縦横斜めにつなげた，**クロスファンクショナル組織**などが注目されています。

図10-8 ■プロジェクト組織（クロスファンクショナル組織例）

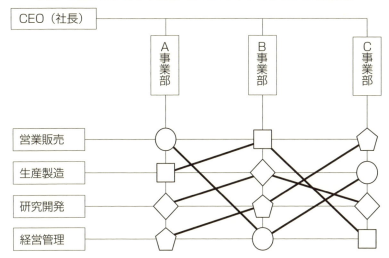

2.8 サークル型組織とホイール型組織

　サークル型組織では，全員が平等にコミュニケーション・ネットワークをもっています。全員で共有することができるため，組織の情報収集力が上がります。サークル型組織は，探索的な仕事や開発型の仕事をする組織に向くと考えられます（**図10-9**）。また，サークルはメンバーが平等に情報を共有しやすくなるため，参加の満足度も高いといえます。しかし，逆に情報交換のルートが多くなり，時間がかかってスピードに欠ける面があります。

図10-9 ■サークル型組織とホイール型組織

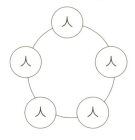
サークル型組織

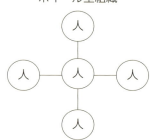
ホイール型組織

　ホイール型組織では，各メンバーが分散して情報処理を行うため，ひとりのリーダーだけに情報が集まります。そのため，処理スピードが速く決定も早く能率的に業務が進みます。ホイール型組織は，あらかじめ決められた定型的な業務処理に向くタイプです。しかし，リーダーだけがすべての情報を掌握するため，組織の成果はリーダーの能力や属性に依存することになります。

3　経営資源と組織能力

　経営戦略論の分野では，1990年代以降，企業や組織体が有する経営資源あるいは組織能力の重要性が再認識されるようになってきました。

　概念的に，**経営資源**は，基本的には「**物質（もの）**」として把握される実体的存在です。それに対して，組織能力とは，経営資源を活用したり開発したりする「**行為（こと）**」として定義される概念です。

　伊丹・加護野（2003）は，ヒト・モノ・カネといった資源と，技術力やブランドといった組織能力を総称する言葉として，経営資源という言葉を使っています。そして，資源と組織能力は「利用」されるものであり「蓄積」されるものです。つまり経営資源とは，中核としての見えざる資産も含めたものと考えられます。前項で紹介したワーナーフェルト（Wernerfelt, B., 1995）とバーニー（Barny, J. B. 1996）のうちバーニーは，経営資源に組織能力を含めて考

えています。

経営資源と組織能力は概念的には区別してとらえられるにしても，本質的な部分では不可分的なものであることが指摘できます。ここでは組織能力を，「経営資源を獲得，活用，蓄積，開発し，製品・サービスを継続的に産み出す力」と定義しておきます。

4 組織構造と組織形態，そして組織デザイン

組織構造は，分業を効果的に有効性と能率を高めた活動として進めるために，専門化，部門化，標準化，公式化，分権化の5つの枠組みで設計することです。その象徴として，機能別組織や事業部制組織に代表する組織形態として構築されます。

経営戦略を実現するための組織構造と組織形態の設計は，あくまでも組織化の計画段階のプロセスです。次に，組織能力が生み出される組織化の実行段階のプロセスの設計と活動こそ，企業の成果に差異をもたらします。組織構造と組織形態を，設計し修正する実行段階のプロセスこそ，組織能力を生み出す組織デザインにかかわる活動です。

組織デザインには，経営戦略，目標による管理，組織構造，組織形態，組織間関係，組織文化，意思決定プロセス，人事管理システム，インセンティブ・システム，情報システム，企業の社会的責任（CSR），ステークホルダー・マネジメントなどを含める場合があります。また，組織デザインは，環境や状況の変化に対応するために，組織要因間の調整，整合，統合を図る活動が意識されています。

概念定義レベルで見ると，バーニーの定義では，経営資源のなかに，組織能力だけでなく，組織デザインまで含まれています。組織デザインは，戦略を実現するための組織づくりにかかわる活動です。また，組織内関係や組織間関係，組織と市場などの関係にかかわる，条件と環境の整備を行う活動です。これらの考え方から，**組織デザイン**は，**組織戦略**あるいは**組織マネジメント**と呼べる

でしょう。

4.1 ダイナミック・ケイパビリティの研究

ティース等（1997）は，進化経済学（Nelson, R. R. and Winter, S. G., 1982）を取り入れ，ポジショニング・アプローチで重点が置かれていた外部環境の分析と，模倣困難な一連のルーティンと，組織スキル，補完的資源を組織内部に形成するという点に着目しました。そして，競争優位の持続は，「急速に変化する環境に対応して内外のコンピタンスを統合，構築，再構成する企業の能力」（Teece, D. J. et al., 1997, p.516）であると主張しました。

その後ティース（2007）は，ダイナミック・ケイパビリティのフレームワークを提示しました。「企業は，ダイナミック・ケイパビリティによって優れた長期的パフォーマンスをサポートする無形資産を創造・配置・保護できる。さらに，**ダイナミック・ケイパビリティのミクロ的基礎**は，明確なスキル，組織プロセス，手法，組織構造，意思決定ルール，規律である」（Teece, D. J., 2007, p.3）と，極めて具体的に競争優位の組織能力を形成する経路を定義したのです。ヘルファット他（Helfat, C. E. et al., 2007）も，「ダイナミック・ケイパビリティとは，組織が意図的に資源ベースを創造，拡大，修正する能力」であると定義しました（Helfat, C. E. et al., 2007, 邦訳p.6）。

5　組織形態と組織能力のダイナミズム

分業に種類による組織形態は，内部組織が外部環境に適応する型です。組織を組織図のように，組織構造という表現でとらえると静態的ですが，外部環境の変化への適応として，組織形態という表現でとらえると動態的なイメージになります。さらに，将来の外部環境を予測する組織デザインという表現でとらえると，より能動的で広範囲に時間展開のなかでとらえることができます。

従来の経営組織の研究では，基本的な組織形態の考察が中心でした。しかし，基本的な組織形態によって，どのような組織能力が形成されてきたのか，その

関係性を考察する視点が重要です。そのために組織能力の概念体系から，構成要素が明らかになってきました。持続性のある競争優位の組織能力の考察は，**組織ルーティン**がその分析単位として位置づけられます。そして，組織ルーティンの束として，**ダイナミック・ケイパビリティ**という概念が提示されてきました。

どのような組織形態を選択すれば，競争優位の組織能力が生み出されるのか，必ずしも最適解が導き出されるわけではありません。なぜなら，外部環境の不確実性と，組織内部や組織間関係によるさまざまな制約が，それらを阻害する要因になるからです。しかし，それらの不確実性と制約を削減する有効な組織形態によって，効果的な組織能力を生み出し続ける必要が企業組織には課せられています。そこで再び，不確実性と制約を削減するのかという，組織の原点の問題に立ち返る必要があります。これら原点の問題は，次に紹介する，組織文化と組織学習を考察することが，その問題を解決する糸口です。

■章末問題■

1. 事業部制とカンパニー制の共通点と相違点を整理したうえで，それぞれの組織形態を採用している実際の企業組織を調べてください。
2. プロジェクト組織のリーダーやマネジャーに要求される役割と機能，さらに能力について調べてください。
3. 組織能力，コア・コンピタンス，ケイパビリティ，ダイナミック・ケイパビリティという用語について，どのように定義されているのか，また違いがあるのかどうかを調べてください。
4. 競争優位の組織能力を形成するためには，どのような組織形態，組織デザインが有効でしょうか。また，その他に必要な条件があればそれは何か考えてください。
5. 経営資源と組織能力とは何か，その関係について整理したうえで，それらを区分して議論する可能性と限界について考えてください。

6．持株会社（ホールディングカンパニー）が増える傾向にありますが，その理由について整理したうえで，持株会社（ホールディングカンパニー）の優位性と課題について考えてください。

> **さらに理解を深めるための参考文献**
>
> ・金井壽宏［1999］『経営組織』日本経済新聞社.
> ・桑田耕太郎・田尾雅夫［1998］『組織論』有斐閣.
> ・沼上幹［2004］『組織デザイン』日本経済新聞社.
> ・十川廣國編著［2010］『経営学イノベーション3－経営組織論』中央経済社.

第11章 組織文化と組織学習

POINT

1. トンプソンの組織モデルに対して，ポンディーとミトロフは，4つの限界を指摘しています。それらの内容をあげてください。
2. レヴィンの生活空間の認知と，組織風土や組織文化と呼ばれる研究の関係性について整理してください。
3. 組織の主体的な環境適応のプロセスの考察に，組織間関係や組織メンバー間関係に着目する組織学習の研究がなぜ重要なのか整理してください。
4. 組織間関係に着目して組織変革のメカニズムを考察する必要がありますが，M&A（合併・買収）後の企業間の組織変革について考察してください。

Key Word

生活空間，組織文化，組織風土，企業文化，企業風土，シャイン，組織文化の逆機能，斉一性への圧力，帰属意識，組織変革，リストラクチャリング，コンフリクト，学習サイクル・モデル，シングル・ループ学習，ダブル・ループ学習，アンラーニング，認知スタイル，学習する組織

Summary

サイモンを代表とする，制約された合理性仮説のなかで，除外されるかあるいは軽視されていた人間の価値観，とりわけ集団的な価値観が注目されるようになりました。それは，組織文化や組織学習のあり方が，個人や組織の能力，活動，成果に深くかかわりがあるのではないかと考えられるようになってきたからです。

レヴィン（Lewin, K., 1951）の「生活空間（life space）」から始まり，1970年以降，盛んとなった組織文化の研究系譜を整理します。そのなかでも，代表的な研究としてシャイン（Schein, E. H., 1985）の理論を取り上げます。シャインは，集団心理学，リーダーシップ論などの成果から，組織文化についてより理論的なアプローチを試みました。組織文化の形成プロセス，逆機能，特性につい

て理解を深めます。さらに，組織文化の変革の必要性とその方法についても紹介します。

組織文化の研究は，組織変革について，環境の側からではなく，組織の側から論じる可能性を切り開いた研究であり，組織学習プロセスの研究につながっています。組織学習の研究は，組織文化の研究と同じように，組織の主体的な環境適応とのかかわりという点から説明することができます。このように，オープン・システムとしての組織が存続するためには，環境の多様性を削減するだけではなく，環境の多様性を受け入れる必要があります。環境を理解するためには，多様な活動と経験からの組織学習が必要です。

1 制約された合理性仮説への疑問

急激な技術や市場の環境変化への適応という視点から，組織の環境適応理論（コンティンジェンシー理論）が登場しました。これらの研究の視点は，バーナードに代表される近代組織論が提示してきた理論や，サイモンに代表される制約された合理性仮説に対して疑問を投げかけるものでした。

環境変化に適応する組織構造，組織形態が提示されたとしても，誘引と貢献の論理のみから，組織メンバーの**モチベーション**を高めて，組織に**コミットメント**させることは容易ではありません。しかし，制約された合理性仮説のなかで，除外されるかあるいは軽視されていた人間の価値観，とりわけ集団的な価値観が注目されるようになりました。**組織文化**や**組織学習**のあり方が，個人や組織の能力，活動，成果に深くかかわりがあるのではないかという視点です。

1.1　トンプソンの組織モデルの限界と新たな組織観

1960年代の組織の環境適応理論の登場のなかで，**ポンディーとミトローフ**（Pondy, L. R. and Mitroff, I. I., 1979）は，トンプソン（Thompson, J. D., 1967）の組織モデルを，その精緻さと体系性で群を抜いているとの評価を得ているとしたうえで，トンプソン・モデルの限界を以下のように4つに要約しています。

第1は，**環境の理解が不十分**であることです。オープン・システムとしての組織が存続するためには，環境の多様性を削減するだけではなく，環境の多様性を受け入れたうえで実現するプロセス（process of enactment）に注目する必要があります。

　第2は，**マクロレベルにおける逆機能の理解が不十分**です。トンプソン・モデルでは，アブセンティズム（欠勤）や個人間のコンフリクト（対立），変化に対する抵抗など，マクロレベルにおける逆機能の理解について十分に扱われていません。

　第3は，**人間のより高度な能力を軽視**していることです。ポンディーらは，意味形成は事後的に回顧的であり，人間のより高度な能力を軽視しています。意味は社会的なプロセスをとおして作られることを軽視してきたことを指摘しています。とりわけ，「組織行動における言語の役割」に関心を向ける必要性を強調しています。

　第4は，**組織の自己再生の問題を無視**しているという点です。ポンディーとミトローフによれば，トンプソンの組織モデルの分析は，成熟した組織の持続的な成長のプロセスに向けられており，組織の生成や再生については触れられていないということを指摘しています。**組織変革**を迫られている企業では，創発的な**組織学習**が求められます。環境の不確実性の削減だけでは，組織の自己再生の問題は解決できないとの指摘です。

2　組織文化と組織学習への着目

　環境の理解とは，多様な活動と経験からの組織学習によって，環境の認識に影響を与えます。マクロレベルの逆機能は，集団の価値観がやがて企業風土や組織文化として表れます。人間のより高度な能力は，相互作用によって促進されることから組織学習にかかわります。また，組織の自己再生の問題は，環境への主体的な適応にかかわるものです。

　このように，トンプソンの組織モデルの限界を指摘した，ポンディーとミト

ローフの議論は，マクロ組織の課題として，組織文化と組織学習の研究を進展させることになりました。

3 組織文化の研究

3.1 レヴィン（1951）

レヴィン（Lewin, K., 1951）は，**物理的世界**の「もの」を，個々のメンバーが**心理的世界**でどのような「こと」として認知し評価したかが重要であることを指摘しました。メンバーの判断や行動を実質的に決めていくのは，レヴィンのいう「**生活空間（life space）**」です。人間の認知は，個々の物理的な環境をいくつかの塊として，全体をとらえることによって評価し，そのうえで行動につながります。このように，レヴィンの人間の認知と評価，そこから生み出される判断と行動は，生活空間の認知です。それは，組織においては，**組織風土（organizational climate）** や，**組織文化（organizational culture）** と呼ばれる研究につながっています。

3.2 リットビンとストリンガー（1968）

リットビンとストリンガー（Litwin, G. and Stringer, R., 1968）は，組織の状況を，そこにかかわる個人や集団がどのように把握しているのかを考察しました。行動するうえでどのような要因がモチベーションに影響しているのかを解明するために，組織風土（organizational climate）に着目しました。

組織メンバーの多くが組織を認知と知覚の分散が大きいと，共有に認識されていないことになり，反対に，分散が小さいと，個々のメンバーに共通した枠組みで組織状況をとらえることが可能になります。このように，組織風土という少し曖昧な括りから，組織文化という分散の小さな認知と知覚へと枠組みを明らかにする研究へと発展しました。

アシュフォース（Ashforth, B. E., 1985）によれば，**組織風土は共有された**

知覚 (shared perception) ですが，**組織文化は共有された仮説 (shared assumption)** であると指摘しています。組織風土は自然に形成されるものであるのに対して，組織文化は人為に意味づけられるものであるといえるでしょう。

3.3 ピータースとウォーターマン (1982)

ピータースとウォーターマン (Peters, T. J., and Waterman, R. H. Jr., 1982) は，アメリカの高業績企業をサンプルに徹底的な調査を行いました。その結果をもとに，**超優良企業（エクセレント・カンパニー）** に共通の特質を抽出しました。そこで整理された **8つの特質** とは，①行動の重視，②顧客に密着する，③自主性と企業家精神，④ひとを通じた生産性向上，⑤価値観に基づく実践，⑥基軸（本業に専念）から離れない，⑦単純な組織・小さな本社，⑧厳しさと緩やかさの両面を同時にもつ，という特質です。

これらの研究から，高業績の優良企業は，経営者が自ら8つの特質を生み出す企業（組織）文化を形成することに努めていると，広く認識されるようになりました。

3.4 ディールとケネディー (1982)

ディールとケネディー (Deal, T. E., and Kennedy, A. A., 1982) は，会社内に強力な文化を形成することこそが，成功を持続させるための推進力であると主張しました。強い文化の会社においては管理者が率先して文化を形成・維持すべきであり，このような管理者を，**「シンボリック・マネジャー」** と呼んでいます。

シンボリック・マネジャーに見られる共通した特徴は，①文化と文化が長期的な成功に及ぼす影響を敏感に感じとること。②仲間の社員に高度の信頼を置き，これら文化の道連れの力を頼りに目的を達成すること。③自らを会社日常業務というドラマにおける演技者（脚本家，監督，俳優）であると考えていることなどをあげています。

3.5 シャイン (1985)

シャイン (Schein, E. H., 1985) は，集団心理学，リーダーシップ論などの成果から，組織文化についてより理論的なアプローチを試みました。組織文化を「ある特定のグループが外部への適応や内部統合の問題に対処する際に学習した，グループ自身によって，創られ，発見され，または，発展させられた基本的仮定のパターン」と定義しています。そして，組織文化には3つのレベルがあるととらえています（**図11-1**）。可視性の高いものから順に，レベル1は「**人工物**」，レベル2は「**価値**」，レベル3は「**基本的仮定**」です。

図11-1 ■組織文化のレベル

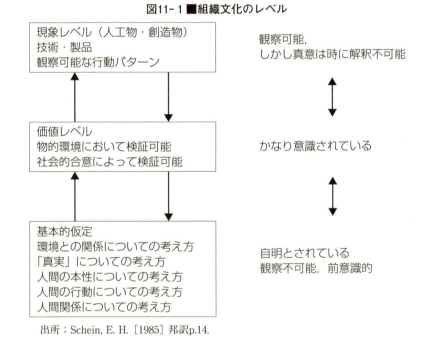

出所；Schein, E. H.［1985］邦訳 p.14.

シャインによれば，組織文化と深く関係する，企業の経営理念・ビジョン，行動規範などは，明文化された人工物のレベルです。しかし，組織文化を理解

するためには，その組織にかかわるメンバーの価値のレベルや，集団が深層で共有している基本的仮定のレベルを考えなければならないと主張しています。このように，組織文化の研究は，個人の価値観や心理深層レベルにまで遡って考察する重要性が指摘されました。

4 組織文化の形成

ピータースとウォーターマンやディールとケネディーの組織文化の考察では，組織文化を形成する主体は，経営者やマネジャーであると指摘しています。一方，シャインの組織文化の考察では，トップ層のリーダーシップに加えて，組織文化を形成する組織メンバーにも視点を当てています。個人の価値と，集団の基本的仮定に基づいた，学習プロセスの重要性を指摘しています。学習プロセスとは，組織が環境変化に適応するうえで，そこで生じた問題を解決するためのものであり，集団の価値が共有されて基本的仮定として形成されるプロセスのことです。

また，メンバーの態度や価値，さらに行動を規定する要因が，集団内で分散が小さくなるのは，どのような要因が作用しているのでしょうか。そして，どのような過程で強力な組織文化として形成されていくのでしょうか。その要因を見ていきましょう。

4.1 組織文化が形成される5つの要因

第1は，**近接性**です。物理的に近くにいると，対面的な関係がとりやすく，ものの見方が共有しやすくなる近接性という特性があります。物理的に離れている場合に，組織メンバーが各々のものの見方や考え方を共有するためには，明文化した経営理念や，経営者の哲学を伝承する取り組みが欠かせません。

第2は，**同質性**です。メンバーが互いに類似する経験，環境，関心など，同質であるほど，同質性の組織文化が形成される傾向にあります。日本的経営の福利厚生制度などは，この同質性組織文化の形成に寄与してきました。しかし，

現代では，多様な人材を活かす組織づくりが求められています。

第3は，**相互依存性**です。相互依存しあう関係の仕事においては，協力が必要不可欠であるため，おのずと集団内の分散が小さくなります。一方，単独や並列の仕事の場合は，集団内の分散が大きくなります。相互依存による部門内部の組織メンバーでは，同質の組織文化が形成されやすく，相互依存をそれほど必要としない部門間の各組織メンバー集団では，異質の組織文化が形成されやすくなります。

第4は，**コミュニケーション・ネットワーク**です。コミュニケーションは，ネットワークの形態によって組織文化の形成にも大きく影響を及ぼします。一方的な**チェーン型**，リーダーが中核となる**星型**といった形態よりも，誰からでも情報が入手できる**サークル型**や，全メンバーがコミュニケーション可能な**マルチチャネル型**のほうが，コミュニケーションの正確性と迅速性に有効です。また，同質の情報を伝達でき共有することが容易になります。

第5は，**帰属意識**です。組織は，人材育成や教育研修，さまざまな行事や活動をつうじて，組織メンバーの関心を組織に向ける努力をしています。企業では，経営理念やビジョンと連動させた経営管理の制度によって，組織メンバーの**アイデンティティ**を高める活動に努めています。組織メンバーが，企業組織の目的と活動に共鳴し，帰属意識を高めて**コミットメント**することが，企業組織にとって重要な活動になります。

4.2　組織文化の逆機能

組織メンバーの価値や行動が，同質的で規範性が高い組織では，組織メンバーは，相互に価値や行動に同調することを強要する傾向にあります。それを**斉一性への圧力**（pressure for uniformity）と呼んでいます。しかし，組織メンバーのなかで逸脱者がいた場合，強力に同調させようとしコミュニケーション量が増えますが，効果がないと認められると，逸脱者とされた組織メンバーは制裁を受けるか，集団の一員でないとされてしまいます。そのことは，集団が同質的で規範性の高い組織文化における逆機能でもあります。

同質的で規範性の強い組織では，各組織メンバーの価値や信念も，各組織の経営理念やビジョンの体系のなかに位置づけられています。経営理念と連動した経営戦略や経営管理，さまざまな組織制度により，各組織メンバーの価値や信念は行動として一体化されていきます。効果的な行動へと結びつけるために，組織構造と組織形態を設計し，そこから生み出される活動は，競争優位の組織ルーティンとして安定します。このような，価値，信念，行動を一体化させた結果，同質的で規範性の高い組織文化が醸成されていくのです。

4.3　組織文化の変革

　組織文化を変革する必要性は，組織が環境変化に適応できなくなったときや，意図せざる不都合な事柄に直面したときに，多くの組織メンバーが強く意識するようになります。企業でいえば，端的な指標は業績の悪化が表面化したときです。

　リットビンとストリンガー（Litwin, G. and Stringer, R., 1968）は，組織風土に着目しました。また，アシュフォース（Ashforth, B. E., 1985）は，組織風土は共有された知覚（shared perception）であるが，組織文化は共有された仮説（shared assumption）であると指摘しています。アシュフォースの指摘から，組織風土の変革は，共有された知覚であるため，それを変革することは困難を極めるでしょう。組織文化は共有された仮説ですが，その仮説を変えることはそんなに困難ではないと考えられます。組織文化を形成するのは，ピータースとウォーターマン（Peters, T. J., and Waterman, R. H. Jr., 1982）やディールとケネディー（Deal, T. E., and Kennedy, A. A., 1982），さらにシャイン（Schein, E. H., 1985）の指摘でも明らかです。経営者層やマネジャーの**リーダーシップ**が組織文化を変革する鍵になるからです。したがって，経営者層やマネジャーが，組織文化の形成だけでなく，変革にも取り組むことが極めて重要です。

5 組織学習の研究

組織学習を研究する重要性も，組織文化論と同じように，組織の主体的な環境適応とのかかわりという点から説明することができます。組織学習の研究は，組織が自ら主体的に環境に働きかけていくための知識の獲得や蓄積を問題とします。したがって，組織の主体的な環境適応のプロセスを考察するには，組織間関係や組織メンバー間関係に着目した分析をとおした研究が極めて有効です。

5.1 サイアートとマーチ（1963）

サイアートとマーチ（Cyert, R. M. and March, J. G., 1963）は，サイモンの意思決定論をベースに組織の記憶および組織学習を研究しました。企業内では情報を収集・加工・処理されながら，それぞれの部署が分業化と階層化されて意思決定を行っており，それが企業行動となって表れると考えたのです。サイモンは，組織目的を所与として考えたのに対して，サイアートとマーチは，組織目的は組織メンバー間の相互作用によって形成されることに着目しました。

組織目的である組織期待に応えるために，組織メンバーは，要求水準や注目の焦点を，自らの視点からとらえて優先順位を変動させています。しかし，組織メンバー間のコンフリクト（対立）が発生し，それを順次解決していく活動プロセス（コンフリクトの準解消）が見られます。

図11-2：企業行動の意思決定モデル

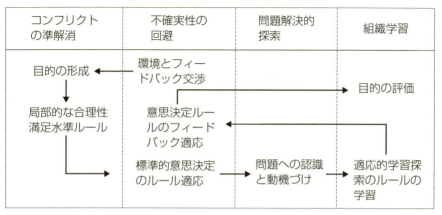

出所：Cyert, R. N. and March, J. G.［1963］邦訳p.184より作成。

　組織期待には，短期的かつ局所的なものと，長期的かつ広域的なものがありますが，サイモンが述べたように，満足的意思決定の基準に従い，短期的で局所的な合理性を追求する企業行動が見られます。企業も人間の適応的行動と同様に，適応的合理性をもつ行動主体です。適応的合理性とは，制約された合理性のもと，企業は環境に対して，学習しながら経験を積み重ねて，標準的意思決定ルールを開発し合理的に行動しようとすることです。

　サイアートとマーチは，**図11-2**の，**コンフリクトの準解消**，**不確実性の回避**，**問題解決的探索**，**組織学習**といった概念を用いて，企業行動を選択する意思決定プロセスを，コンピューター・シミュレーションによってモデル化しました。

5.2　マーチとオルセン（1976）

　マーチとオルセン（March, J. G. and Olsen, J. P., 1976）は，組織の意思決定を「ゴミ箱」（garbage can）にたとえ，**複雑さと曖昧さ（ambiguity）**を含んだ，**ゴミ箱モデル**を提唱しています。組織の意思決定は，時間経過にともなう組織目的の変化，時間経過にともなう組織内部と組織外部の選択事項の変化，

事後的な修正の選択,選択内容の非一貫性が,組織の曖昧性（あいまいせい）を生み出しているとの主張です。つまり,仕事のしくみ,プロセス,方法が明確でなく,不確実性を多く含む意思決定は,タイミングや偶然の結果に左右されているのではないかというものでした。そこで,ゴミ箱モデルでは,意思決定を左右する比較的独立した4つの流れを想定しました。

第1は**問題**,第2は**解**,第3は**参加者**,第4は**選択機会**です。第1の問題は,組織にかかわる人々が明確に認識している場合とそうでない場合があります。第2の解は,参加者が生み出すものですが,問題が認識されずに解が先に見出される場合もあります。第3の参加者は,出入りが流動的であり参加者によって意思決定が異なってくる場合があります。第4の選択機会ですが,意思決定の場面で参加者の置かれた状況が異なるというものです。

実際に,ゴミ箱モデルの見られる3つの意思決定パターンをあげています。第1は,**解決（resolution）による意思決定**,第2は,**見過ごし（oversight）による意思決定**,第3は,**飛ばし（flight）による意思決定**です。第1の解決による意思決定は,問題の解が選択されるもっとも一般的なパターンです。第2の見過ごしによる意思決定は,他の選択機会に問題が認識されて解が選択されることです。第3の飛ばしによる意思決定は,魅力的な選択が見つからず問題は積み残され解が選択されないことです。以上のように,ゴミ箱モデルは,これまでの合理的意思決定モデルではとらえきれない組織現象を,組織化された無秩序として説明したのです。

さらに,マーチとオルセンは,**学習サイクル・モデル**を提示しています（図11-3）。学習サイクル・モデルは,組織学習プロセスを「個人の信念→個人の行動→組織の行動→環境の変化→個人の信念→…」という刺激→反応の連鎖でとらえたモデルです。

第11章　組織文化と組織学習

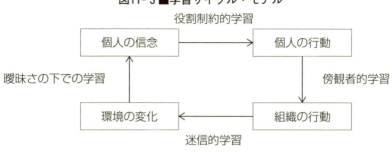

図11-3 ■学習サイクル・モデル

出所：March, J. G. and Olsen, J. P.［1976］邦訳pp.57-59より作成。

　現実には学習サイクルは途中で切断されることが多く，**4種類の不完全な学習**の発生を指摘しています。**役割制約的学習**とは，個人の信念の変化が行動の変化に結びつかない場合です。**傍観者的学習**とは，個人もしくは一部門の行動と組織全体の行動との結びつきに断絶が生じている場合です。**迷信的学習**とは，組織の行動と環境の反応とが断絶している状況で発生します。**曖昧さのもとでの学習**とは，組織の行動がもたらした環境の変化を，組織メンバーが適切に解釈できず，結果として個人の信念が修正されない状況です。

5.3　アージリスとショーン（1978）

　アージリスとショーン（Argyris, C. and Schon, D. A., 1978）の研究では，個人による学習と組織とのかかわりという点が重視されていました。彼らは，組織学習を，組織メンバーが主体的に組織に働きかける行為によって生じるものとしてとらえています。それを学習する行為として，**シングル・ループ学習**と，**ダブル・ループ学習**の2つに分けて説明をしています。シングル・ループ学習とは，既存の価値観や規範の下で，それらを行動結果の評価基準としながら，範囲内から逸脱した行動を修正していく学習活動のことです。ダブル・ループ学習とは，評価基準である価値観や規範そのものを疑い，それらを棄却するとともに，新たな価値観や規範を創造し獲得する学習活動のことです。

　シングル・ループ学習は，比較的分かりやすいプロセスですが，ダブル・

ループ学習は,飛躍的な変化をもたらす学習方法であるものの,実現は難しい学習といえるでしょう。

5.4 ヘドバーグ (1981)

ヘドバーグ (Hedberg, Bo L. T., 1981) は,知識獲得に注目してきた組織学習プロセスに,知識や価値の棄却「**アンラーニング**」という新たな視点を提唱しました。組織が完全な学習サイクルを通じて知識を獲得した場合と,不完全な学習サイクルを通じて知識を獲得した場合では,アンラーニング (unlearning) の行われ方が異なると主張しました。組織の価値前提や知識のうち,時代遅れになった知識や,既に妥当性を欠いてしまった知識をそうでないものと区別し,それと置き換えたりするプロセスのことを指します。

ヘドバーグは,アンラーニングを,外部環境と組織内部環境の位置づけだけでは説明することができないと指摘しています。そこで必要になる概念は,世界観に代表される組織文化に該当する「組織の認知スタイル」の存在です。組

図11-4:ヘドバーグによる組織学習プロセス

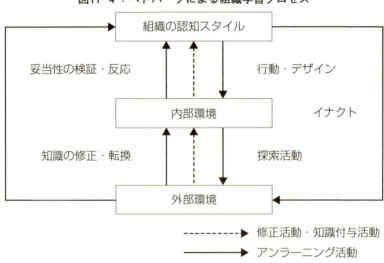

出所:Hedberg, Bo L. T. [1981].

織はこの認知スタイルにしたがって内部環境を形成し，実際の行動を起こします。ヘドバーグによる組織学習プロセス（**図11-4**）で示したように，外部環境，内部環境の相互作用同様に，組織の認知スタイルに基づいて行動や組織のデザインなどの経営戦略や実現行動，そして組織構造の形成が行われ，イナクティングや環境選択の仕方を決定づけるのです。

アージリスとショーンの概念のダブル・ループ学習と共通する視点であるといえます。成功体験の継続が，組織学習パターンを決定しルーティン化することに対して，アンラーニングの視点は，不確実性が増した環境下において極めて重要な考え方を提示したといえます。

5.5　レビットとマーチ（1988）

レビットとマーチ（Levitt, B. and March, J. G., 1988）は，組織学習を「歴史から導き出される推論を行動の指針となるルーティンへと成文化すること」ととらえています。ここでいう**ルーティン**とは，形式，規則，手続き，慣習などであり，戦略パターン，信念の構造，文化，知識までもが含まれます。企業組織では，事業活動からルーティンが形成され，組織メンバー間の相互作用によって伝えられ，組織学習が生み出されます。そして，組織の記憶として保存されます。

ルーティンとは，反復的な作業としてとらえられることが多いのですが，組織学習との関係のなかで理解すると，組織的な記憶としてパターン化されて保持されていきます。しかし，このルーティンは，組織メンバー間の相互作用や，学習主体としての他組織も参加する集団内での経験を通して，変化していくものでもあります。このようなルーティンの保持と変化は，組織学習とルーティンの一体化した関係を表しています。

このことを**マーチ**（March, J. G., 1996）は，「**知識の開発（exploration）**」と「**知識の活用（exploitation）**」という2つの概念を用いて説明しています。

知識の開発とは，新しい技術や能力の開発で，未来に向けた可能性への取り組みです。主に，研究開発などへの設備投資の活動に見られます。一方，知識

の活用とは，既存の技術や能力の活用で，現実における実現性への取り組みです。主に，生産や販売，経営管理にかかわるコストダウンや改善活動に見られます。知識の活用のほうが，知識の開発よりも，結果が可視化されやすいため，既存のルーティンは保持される傾向が強いといえます。

5.6　センゲ（1990）

センゲ（Senge, P. M., 1990）は，革新的で発展的な思考パターンが育まれる組織，共同して学ぶ方法を**学習する組織**（Learning Organization）と呼んで，その概念を提唱しました。継続的な学習活動の運営方法が分からないでいた企業に，学習するための5つの法則を提示しました。①「システム思考（system thinking）」，②「自己マスタリー（self mastery）」，③「メンタル・モデル（mental model）」，④「共有ビジョン（shared vision）」，⑤「チーム学習（team learning）」です。

自己マスタリーとは，組織メンバーに要求される役割認識のことで，メンタル・モデルとは，役割認識を具現化する世界観やものの見方のことです。組織の共有ビジョンに個人はベクトルを合わせ，対話によるチーム学習のプロセスを重要視します。これら，4つの原則を統合するのがシステム思考です。

5.7　フーバー（1999）

組織学習の体系的な把握は，フーバー（Huber, G. P., 1991）によってなされています。フーバーは，組織学習とは必ずしも意図的になされるものに限らず，次の4つの要素から説明をしています。

第1は**存在**です。組織にとって有用な知識を任意の組織単位が獲得することです。第2は**広さ**です。より多くの組織単位が知識を獲得することです。第3は**精緻**さです。より多様な解釈が展開されることです。第4は**徹底**さです。より多くの組織単位が多様な解釈に同一の理解を発達させることです。

そして，組織学習は，この4つの要素のうち，どれかひとつでも生じた場合になされると説明しています。

さらにフーバーは，組織学習を4つのプロセスからとらえています。第1は，**知識の獲得**，第2は，**情報の分配**，第3は，**情報の解釈**，第4は，**組織的記憶**のプロセスです。

第1の**知識の獲得**とは，先天的学習，経験から得られた学習，代理的学習，接ぎ木（新しい知識をもったメンバーの獲得），探索と注意などの手段が用いられます。第2の**情報の配分**とは，別々の所から得られた情報が組織内に配分され，新しい情報と新しい理解が生み出されます。第3の**情報の解釈**とは，情報に意味が付与されます。これには，認知マップの均一性，情報伝達の枠組みの均一性，情報伝達におけるメディアの豊富さ，情報負荷の程度，学習棄却の量，などに影響されます。第4の**組織的記憶**とは，知識や情報の保管とかかわります。これには，メンバー数の減少，情報の分配や解釈，情報を保管する基準や方法，保管された情報を位置づけたり検索したりする方法，などから影響を受けます。

以上のように，フーバーの組織学習の研究には，情報や知識の獲得・蓄積という側面だけでなく，**情報の解釈**という側面も関係しています。組織メンバーが情報を共有し，主体的に環境適応するための多様な解釈がなされることの重要性を指摘しているといえるでしょう。

6　組織学習の研究から組織変革へ

安藤（1997）によれば，組織学習の対象は3つの層からアプローチがなされてきました。第1に組織メンバーである**個人を学習主体**にしたもの，第2に**組織を学習主体**とするもの，第3に**組織と個人の相互作用**に着目したものです。

しかし，第1，第2の組織学習論は整理されつつありますが，第3の組織と個人の相互作用については，組織学習論の範疇を超えたテーマとしています。組織変革のメカニズムを検討する場合，第3の組織と個人の相互作用を考察対象とした組織学習の考察が重要であると考えられます。そこで，組織学習の考察単位として，組織間，人間観の相互作用によって生み出されたパターンとも

いえる**組織ルーティン**に着目することが極めて重要になると考えられます。

7　組織文化と組織学習のダイナミズム

　組織文化と組織学習は企業の組織能力を形成するうえで，観察が困難な現象を理論化しようとする試みです。組織文化の形成過程と組織変革の関係は，シャインの研究によってその要素が明らかになってきました。また，**組織文化の逆機能**もあり，**組織文化の変革**は容易ではないことが指摘されています。一方，組織学習は，組織文化が深く根付いたなかでの活動であり，密接なつながりをもっています。したがって，企業組織の持続性の観点から，組織文化と組織学習を同時に考察する重要性が指摘できます。そして，どのように考察するのかという視点ですが，安定的な状態よりかは，不安定な状態に着目します。組織変革の段階において，組織文化と組織学習を考察することが，組織の実態把握を容易にします。変革対象として，今までに醸成されてきた組織文化に照準が合わされ，組織学習の特性が顕在化するからです。

　組織メンバーにとって，組織ルーティンを形成したり，それを安定させたり変化させたりすること自体が仕事の目的ではありません。そのため，太田(2011)が指摘するように，仕事の意義を確認するとともに，関係する人々や広く社会から承認されるマネジメントが重要です。とくに組織変革の場面では，従来の仕事が再構築されて破壊されることも少なくありません。組織メンバーのモチベーション低下や，組織へのコミットメント不全は，**組織変革の阻害要因**となります。このような状況に陥らないためにも，経営目的を明確にする理念経営の体制構築とシステム・制度の再設計が，組織変革の場面では不可欠です。

　近年，M&A（合併・買収）が盛んに展開されることから，組織間関係に着目して組織変革のメカニズムを考察する必要があります。同時に，企業組織の持続性を，時間展開のなかでとらえようとする組織進化の視点も重要です。

■章末問題■

1. 組織文化の研究と，組織学習の研究が着目されてきた背景について調べてください。
2. 組織文化は，組織風土，企業風土，企業文化という用語などと合わせて一般的に使われています。一般に社会ではどのような文脈でこれらの用語が使われているのか調べてください。
3. 「組織学習」と「学習する組織」という用語の意味について，比較して調べてください。
4. シャインの組織文化研究において，「基本的仮定」は自明とされている観察不可能な前意識とされています。具体的にどのようなものを指すのか考えてください。
5. 組織文化の逆機能とはどのようなものか整理したうえで，業種や職種，企業組織によって，どのような特性があるのか考えてください。
6. 組織学習の完全な学習サイクルのなかで，個人の行動が組織の行動につながるためには，何が必要か考えてください。

さらに理解を深めるための参考文献

- 桑田耕太郎・田尾雅夫［1998］『組織論』有斐閣.
- シャイン，E著・梅津裕良・横山哲夫訳［2012］『組織文化とリーダーシップ』白桃書房).
- 十川廣國編著［2010］『経営学イノベーション3－経営組織論』中央経済社.
- 田尾雅夫［1999］『組織の心理学〔新版〕』有斐閣.

第Ⅲ部　マクロ組織の理論

第12章　組織進化と組織変革

POINT
1. 基本的な組織形態における，機能別（職能別）組織と事業部制組織の課題，マトリックス組織とカンパニー制の課題を整理してください。
2. 組織のライフルサイクルから，組織進化に求められる組織の分化と統合にはどのようなものがあるのか，事例研究により考察してください。
3. 組織進化にはなぜ組織変革が必要でしょうか。マクロレベルの組織変革と，ミクロレベルの組織変革に分けて整理してください。
4. 組織変革を必要とする経営者ないし経営者層は，環境認識のスタイルにどのような特徴があるのか考察してください。

Key Word
ボトルネック，TOC，SCM，組織のライフサイクル論，組織の成長プロセス，プロジェクト・チーム，複雑適応システム，創発的変革，グローバル戦略，戦略的CSR，資源依存モデル，組織変革の阻害

Summary

　組織が成長するプロセスにおいて，基本的な組織形態の変革の必要性を解説します。機能別（職能別）組織と事業部制組織の課題，マトリックス組織とカンパニー制の課題を明らかにしたうえで，フラット型組織とネットワーク型組織の有効性を探ります。

　組織形態を検討するうえで，階層の数，分業化の程度，統制の範囲を考慮する重要性を確認します。さらに，組織形態の構成要素から組織変革を検討するうえで，職務間のボトルネックを解消することが重要です。ゴールドラットとコックス（Goldratt, E. M. and Cox, J., 1992）が提唱したTOC（Theory of Constraints：制約条件の理論）の基本原理は，生産管理の理論から生み出されました。生産工場内の部分最適を追求するだけでなく，企業の全体最適を追求する

システムへと発展しました。

　組織が進化し続ける要因として，組織のライフサイクルの発達段階に応じた組織変革の理解を深めます。組織の成長プロセスと組織形態において，グライナー（Greiner, L. E., 1972）は，組織の年齢（Age）と規模（Size）が組織の成長を規定する重要な次元であると考えました。進化（Evolution）と革命（Revolution）が繰り返される5段階に区分した成長モデルを提示しています。また，ダフト（Daft, R. L., 2001）は，グライナーとクインとキャメロンの組織のライフサイクル・モデルに立脚したうえで，成長モデルを提示しています。企業の成長段階と発展要因の両面から，それぞれの段階ごとの要因を実証研究し整理しています

　最後に，組織変革の研究アプローチについてその系譜を整理します。戦略的提携，M&A（合併・買収），ネットワーク型組織に着目し，組織変革のメカニズムについて解説します。とくに，組織変革に対する経営者の認識が重要であり，組織変革を成功させるための促進要因と阻害要因についても説明します。

1　デジタル化社会の組織変革

　1990年代から急激に，情報通信技術（IT）の革新によって情報ネットワーク社会が到来しました。21世紀に入ってからは，インターネットの発達により，ビックデータの活用，IoT（モノのインターネット）やAI（人工知能）を活用したビジネスの可能性が急激に現実味を帯びてきました。新しい情報技術や新しい産業の発展など，デジタル化社会に即した組織が求められるようになってきました。それは，官僚制組織に代表される階層型システムに代わる，ネットワーク型システム，境界なきシステム，学習型システム，自己組織型システム，創発型システムなどと呼ばれる組織形態への転換です。

　従来の官僚制組織では，いかに内部組織の合理性を追求するかという観点からの組織づくりでした。しかし，現在求められる組織とは，外部組織の非合理性を取り入れつつ，外部組織との協働関係を構築することです。それは，境界

を越えた創発的な組織づくりです。

2 組織原則をベースとする基本的な組織形態の変革

2.1 機能別（職能別）組織と事業部制組織の課題

　内部組織の合理性を追求する組織形態には，機能別（職能別）組織や事業部制組織が代表的です。

　機能別組織は，研究開発，生産製造，販売営業，経営管理などのように，同じ仕事単位で職能分化し部門化した組織形態です。専門化の原則による組織形態でもあります。専門知識や技術の蓄積と，経営資源の有効活用が可能で，規模の経済を追求するという利点があります。しかし，過度に専門化が進展すると，部門間の調整が困難になり，修正するためのコストと時間の負荷が多大になるという欠点もあります。

　事業部制組織は，多角化により組織の規模が大きくなり，製品別，市場別などの基準で部門化した組織形態です。各部門を事業部制として，これらを本社部門が統括して管理します。各事業部が利益責任を負う権限が与えられ，自立的なプロフット・センターです。しかし，各事業部間の調整や全社的な経営責任は本社にあります。

2.2 マトリックス組織とカンパニー制の課題

　機能別（職能別）組織や事業部制組織の課題を克服するため，マトリックス組織を採用する企業が1970年代に多く出てきました。マトリックス組織は，機能別（職能別）部門の責任者と，事業部門の責任者という，**2ボス・システム**と呼ばれる複雑な意思決定システムです。そのため，組織メンバーのモチベーションや，2ボス間での**パワー・バランス**の問題などが生じ，必ずしも成果を生み出せませんでした。

　組織メンバーのモチベーションを高めるとともに，迅速で柔軟な意思決定を

図るため，事業部制組織を分社化したのがカンパニー制です。組織における個々の事業をカンパニーと呼び，それぞれに独立した権限と責任を付与するものです。しかし，本社の経営トップにとって，各カンパニーの独立性が強調されるため，全社的な統制が困難です。カンパニー制を導入後，この組織形態を変更する企業も少なくありませんでした。

このように，さまざまな組織形態が生み出されては変化してきました。大量生産から多品種少量生産，経済のサービス化・ソフト化，そして，情報化・デジタル化へと，環境変化に適応するための組織形態の変化への模索でした。フラット型組織，ネットワーク型組織などにより，創造的で機敏に変化対応できる組織形態が必要になってきたのです。つまり，合理性だけではなく，創造性を発揮できる組織形態です。急激な環境変化への機敏で迅速な対応のためには，**組織形態**を構築するという概念よりも，**組織デザイン**を設計し修正し続けるという概念が必要になりました。

2.3 フラット型組織とネットワーク型組織

官僚制組織をベースにした，機能別（職能別）組織や事業部制組織などの**階層的システム（ピラミッド型組織）**は，意思決定のスピードが遅く部門間のコミュニケーションが断絶するなど，さまざまな問題を残しました。これらの課題を解決するために，階層的システムから，**フラット型組織やネットワーク型組織**の有効性が認識されるようになりました（**図12-1**）。生産部門では，**インフォーマル組織**による小集団活動を実施する企業も数多く，品質管理面で改善活動が展開されました。また，それ以外の部門でも，**部門横断のプロジェクト・チーム**による，短期的な課題解決に向けた活動が展開され，効果を発揮しました。

図12-1：ピラミッド型組織，フラット型組織，ネットワーク型組織

ピラミッド型組織　　　　フラット型組織　　　　ネットワーク型組織

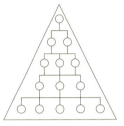
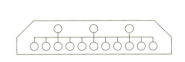

出所：筆者作成

2.4 組織形態の構成要素

　ジェームスとジョーンズ（James, L. R. and Jones, A. P., 1976）によれば，組織形態を検討するうえで，階層の数，分業化の程度，統制の範囲を考慮することをあげています。

　階層の数とは，組織はピラミッド型で上から下へと**ヒエラルキー（階層）構造**としてとらえられます。階層の数が多いと，トップとメンバーの距離が遠く，意思決定や情報伝達に時間とコストがかかります。一方，階層の数が少ないと，トップとメンバーの距離が近くなりますが，トップの意思決定より，現場のメンバーの判断も反映されやすくなります。

　分業化の程度とは，大規模な組織の場合，専門分化が進み多くの部門ができます。一方，比較的小規模の組織では，ひとりが多くの業務を担当することが多く，専門分化はあまり進みません。

2.5 ボトルネックの解消

　組織形態の構成要素から組織変革を検討するうえで，職務間のボトルネックを解消することが重要です。ゴールドラットとコックス（Goldratt, E. M. and Cox, J., 1992）が提唱した**TOC（Theory of Constraints:制約条件の理論）**の基

本原理は，生産管理の理論から生み出されました。生産工場内の部分最適を追求するだけでなく，企業の全体最適を追求するシステムへと発展しました。新たな会計経理方法や問題解決方法へと応用されています。組織内部だけの全体最適だけにとどまらず，アメリカで発展した**SCM（Supply Chain Management）**にも大きな影響を与えました。職務間ボトルネックの解消に向けてSCMの導入が有効です。SCMの考え方は，組織形態を構築するという側面よりも，仕事の流れをもとに組織形態を変革するという側面を重視しています。

2.6 スタッフとラインの区分

組織形態を仕事の判断と実行の段階で区分すると，判断は**スタッフ**，実行は**ライン**が担うことが組織効率を高めます。しかし，仕事の判断と実行は，環境適応のなかや，さまざまな状況との関係のなかで，常に修正が必要なため，他者の役割と区分することは，必ずしも有効であるとはいえません。ひとりでスタッフとラインの仕事をこなすことができれば良いのですが，やはり，組織の規模が大きくなるとどうしても，ラインとスタッフに分かれた役割分担が必要です。しかし，判断にかかわるスタッフと，実行にかかわるラインの機能分化は，しばしば，コンフリクト（対立）を生み出します。

2.7 組織形態の分割単位

大規模化した組織においても，分社化や部門化で，組織を小さな単位に分割し，環境変化への適応を図っています。**組織のダウンサイジング**であり，組織を区分するうえでいくつかの原理があります。

例えば，機能別（職能別）による部門化，製品・サービス・市場による部門化，地理的な区分による部門化などです。組織を細かく分化させることは，肥大化し硬直化した大企業病を克服する可能性が高まりますが，一方で，組織全体を一体化させる統合において課題が残ります。組織の分化と統合の問題は，環境変化を予見する絶え間ない組織形態の変革が求められることを示唆してい

ます。

2.8 戦略ドメインと組織形態

　トンプソン（Thompson, J. D., 1967）によれば，戦略ドメインの選択によって組織形態は変更されます。これは，戦略と組織の共進化（きょうしんか）が図られることを意味しています。戦略ドメインとは，自社の技術や組織能力を活かし，製品・サービスの開発と，市場と顧客の開発をするのかについて，目標と計画の設定をすることです。トップが表明する経営戦略を実現する組織形態を構築しますが，事業活動を推進するうえで，目標と計画を修正することを余儀なくされる場合があります。その場合，組織形態の修正も必要になります。経営戦略の大幅な修正であれば，組織形態を再構築する必要がありますが，短期的な目標に対する修正であれば，プロジェクト・チームの編成なども有効で可変的な組織形態です。

2.9 組織の成長プロセスと組織形態

　グライナー（Greiner, L. E., 1972）は，組織の年齢（Age）と規模（Size）が組織の成長を規定する重要な次元であると考えました。**進化（Evolution）と革命（Revolution）**が繰り返される5段階に区分した成長モデルを提示しています。グライナーのモデルは，組織の成長要因と危機要因を明確にし，企業が成長発展していくための指針と方向性を打ち出した組織のライフサイクル論です（**図12-2**）。

　組織の年齢が未熟期から成熟期に移行するにつれて，組織形態が構築され，分化と統合を繰り返しています。とくに，成熟期では大企業病のような形式主義の危機を組織間の協働による組織形態によって克服するという組織の成長プロセスが示されています。

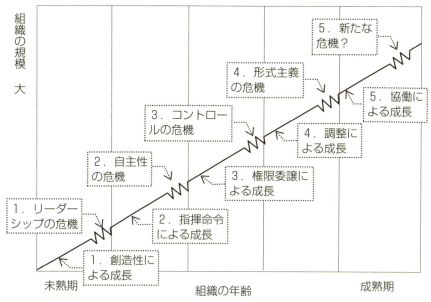

図12-2 ■グライナーの進化段階と革命段階

出所：Greiner, L. E. [1972] p.41.

2.10 組織のライフサイクルの発達段階と組織変革

ダフト（Daft, R. L., 2001）は，グライナーとクインとキャメロンの組織のライフサイクル・モデルに立脚し発展させました。企業の成長段階と発展要因の両面からそれぞれの段階ごとの要因を実証研究し整理しています（**図12-3**）。

ダフト（2001）のモデルによれば，ライフサイクルを発達段階の4つに区分し，それぞれの段階と危機は次のように表されます。①起業者段階では**創造性による成長**，危機として**リーダーシップの必要性**，②共同体段階では**明確な方向性の提示による成長**，危機として**権限委譲の必要性**，③公式化段階では**内部システムの追加による成長**，危機として**官僚的形式主義の行き過ぎへの対処の必要性**，④精巧化段階では**チームワークの発達による成長**，危機として**活性化の必要性**です（Daft, R. L. 2001., p.172）。

第Ⅲ部 マクロ組織の理論

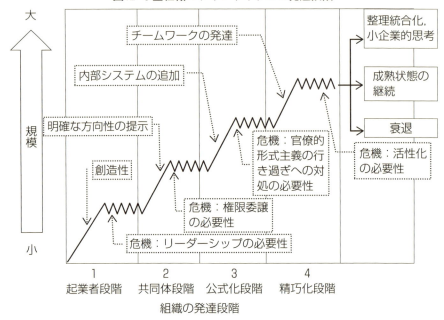

図12-3 ■組織のライフサイクルの発達段階

出所：Daft, R. L. [2001] 邦訳 p.167.

　ダフトのモデルは，組織の成熟期を3つのパターンで示しています。第1のパターンは，再成長のためには，**整理統合化，小企業的思考**です。第2のパターンは，**成熟状態の継続**です。第3のパターンは，組織の**衰退**です。組織のライフサイクルの発達段階における組織変革の場面では，整理統合化と小企業的思考と，組織のダウンサイジングの重要性を指摘しています。

3　組織変革プロセスの研究

　組織変革の理論研究の基礎を築いたものとして，**レヴィン**（Lewin, K., 1947）に代表される**解凍－変革－再凍結**のモデルがあります。その後，基本的に**環境決定論**を主張するコンティンジェンシー理論の限界が指摘されて以降，

活発に議論が展開されてきました。さらに，組織が環境にダイナミックに適応する変革プロセスの研究があげられます。

ワイク（Weick, K. E., 1979）は，組織メンバーが現実をどのように認識・解釈・再構成するのかに着目した**組織の進化モデル**を提示しています。

タシュマンとロマネリ（1985）は，組織変革の次元から，**断続的均衡モデル**を提唱しています。断続的均衡モデルとは，長期にわたる小規模な漸進的変革が，不連続な変革によって中断されることを仮定したモデルのことです。

ナドラーとタシュマン（Nadler, D. A. and Tushman, M. L., 1988 ; 1989 ; 1995a ; 1995b）は，組織変革のタイプ分けから，組織変革を分類しています。変革が漸進的なものか不連続的なものかという連続性の次元と，時間にかかわるタイミングの次元かという分類です。この2つの次元のマトリクスによって，組織変革のタイプを，**調整型，適応型，再方向づけ型，再建型**の4つに分けています。

ブラウンとアイゼンハート（Brown, S. L. and Eisenhardt, K. M., 1997）は，組織変革を継続させるのは，複雑化した環境適応システムを組織が有しているからと述べています。こうした複雑な環境に適応する組織モデルを**複雑適応システム**（complex adaptive systems）と呼ぶことができます。これは**複雑系理論**（complex theory）をベースにした組織モデルです。

組織変革を継続させるメカニズムの特質として，**組織の「半構造」**（semi-structures）と，**「時間の連結」**（time-in-link）の2つの特性に着目しています。「半構造」は，組織の部分的な秩序を表し，機械的な組織構造と弾力的な組織構造の中間形態とみなされます。「時間の連結」は，組織の過去，現在，未来について同一次元でとらえ，組織がそれらの間で移行するとみなすものです。

その後，組織変革プロセスの研究は，その次元やタイプ分けにとどまらず，組織変革の時間軸と空間軸を広げたダイナミックなプロセス研究へと進展しました。

大月（2005）は，こうしたいろいろな観点からの議論を，変革プロセスの段階論として整理しています（大月, 2005, pp.174-178）。そこで，これらの議論

の限界を指摘しつつ，**組織変革のパラドックス現象**に着目し，環境，戦略，組織文化，組織構造，組織プロセスを構成要素として枠組み自体の変革のメカニズムの解明を試みています（大月，2005, pp.178-181）。

また，**ミンツバーグ他**（Mintzberg, H., et al., 1998）は，戦略形成プロセスにおいて，計画的変革だけでなく，**創発的変革**の有効性に着目し，この2つのプロセスの相互補完の重要性を指摘しました。この2方向のパラドックス現象は，相反する論理のように見える変革活動の行為と構造を同時に分析する視点です。

3.1 組織変革の分析視点

変革を見るさまざまな視点として内野（2006, pp.48-50）は，その切り口を8つに整理しています。

第1は変革の対象者，第2は変革の大きさ（スケール），第3は変革の時間，第4は主たる変革主体，第5は変革のきっかけ，第6は変革を展開する戦略手法，第7は変革の主たる方法（目に見えるものか目に見えないものか），第8は変革のプロセスです。

第1の変革の対象者，第2の変革の大きさ，第3の変革の時間という3つの切り口は，組織変革を人間と組織の関係，インパクトとその影響度，時間展開から見たプロセスに関する研究視点です。

第4の変革主体は誰かについては一般的に経営者が中心になると考えられます。

第5の変革のきっかけについては，コンサルティングにおける実証的研究が多く見られます。

第6の変革を展開する戦略手法については，組織の持続的成長のため企業が実践段階で模索する取り組みそのものです。

第7の変革の主たる方法と，第8の変革のプロセスという考察視点については，まだまだ研究が進展しているとはいえず，まして研究方法と分析の視角が多岐にわたっていることから，統一した意見がみられるわけではありません。

3.2　組織変革のマクロ的な視点とミクロ的な視点

　組織変革という用語は，経営実務のなかで，改善，改革，革新の意味合いも包摂しているものととらえられている場合も少なくありません。実際に，組織変革と呼ばれているものには，マクロ的な外部環境への適応という視点から，事業部制，M&A（合併・買収），外部取締役制，執行役員制，持株会社，分社化，事業提携などがあります。

　一方，仕事の仕組みや人の意識と行動など，ミクロ的な内部組織の組織変革に焦点を当てたものもあります。組織変革の促進要因を明らかにするためには，これらマクロ的な視点とミクロ的な視点の両側面から考察することが重要です。

　このように，経営戦略と経営組織の相互変化から，人間の意識や組織の目的を統合する経営理念が経営システムとして機能するのかという視点が重要になります。そのため，組織変革の従来の研究系譜を，マクロ的な視点とミクロ的な視点から体系的に整理する必要があります。

　第1のマクロレベルでの組織変革とは，他社との業務提携やM&A（合併・買収）などの外部組織との関係からの視点です。第2のミクロレベルの組織変革とは，組織行動レベルの組織内部の視点です。

　ミクロ組織論の系譜として，労働生活の質，人間資源管理，社会情報システムに焦点を合わせてエージェントの介入活動に関心を注ぐアプローチがあります。しかしこのアプローチは，大月（2005）によれば，理論と実践の関連づけが曖昧で，理論的整合性を欠いていると指摘しています。一方，マクロ組織論の系譜として，**資源依存モデル**（Pfeffer, J. and Salancik, G. R. 1978）や，**制度モデル**（Seiznick, P. 1957；Meyer, J. W. and Rowan, B., 1977；Scott, W. R., 1995）があります。しかしこれらのアプローチは，組織の存続，成果，構造の原因にふれるだけで，変化のダイナミックなプロセスの説明は不十分であると指摘しています。

4　組織変革のメカニズム解明に向けて

　組織変革のメカニズムを解明するためには，次の2つの視点で見ていくことが重要です。第1は外部環境への適応を目指した組織変革の視点であり，第2は組織内部の資源や能力にかかわる組織変革の視点です。

　第1の外部環境に適応を目指した組織変革の視点から，自社の既存コア技術を修正・拡大・進化させるため，戦略的な業務提携やM＆A（合併・買収）があげられます。グローバル市場開拓を指向する企業は，常に国内外を問わずM＆A先を探索します。資金力がなければM＆Aは困難ですが，将来へのさらなる成長と発展のため，外部企業との戦略的な業務提携とM＆Aは生き残りをかけた意思決定です。これらの戦略的意思決定は，財務的に投資可能でなければできません。しかし，全社的にも業界においても大きな波及効果をもたらします。とくに，グローバル戦略におけるM＆Aに至る意思決定は，大規模な組織変革になります。

　外部環境の変化に適応しようとする組織変革は，企業が持続的に成長するための**グローバル戦略**以外に，地球環境に負荷軽減する**環境経営**と企業の社会的責任が要求される**戦略的CSR**があります。この戦略課題は，**ステークホルダー・マネジメント**と，**ダイバーシティ・マネジメント**によって解決の糸口がつかむことができるでしょう。つまり，グローバル戦略によって競争優位の拡大と維持を図り，内部組織が保有する資源や能力の拡大と修正を図るのです。

　第2の組織内部の資源や能力にかかわる組織変革の視点から，新事業開発と事業撤退があげられます。企業が成長するプロセスでは，市場が拡大する事業を見定め多角化することで経営組織を拡充させてきました。事業部制組織，分社化，カンパニー制などにより，組織は戦略に従って組織変革を進展させてきた歴史があります。市場開発戦略を中核とする既存事業の拡大と，製品開発戦略を中核とする新規事業が契機となって，経営組織が拡充されてきました。これらは，環境適応的な視点ではなく自己組織化の視点からの組織変革といえる

第12章 組織進化と組織変革

でしょう。

4.1 組織変革の阻害要因の克服

次に，経営実務家にとって興味深いコンサルタント的な議論も見ておきましょう。その代表として，ナドラーとショー（Nadler. D. A. and Shaw. R. B., 1995）は，組織変革の阻害を克服する視点から成功の罠のフレームワークを提示しています（図12-4）。

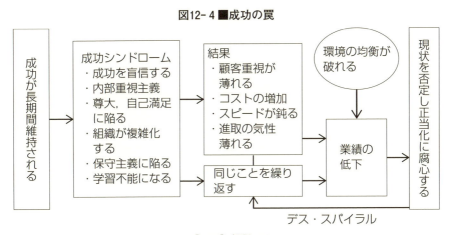

図12-4 ■成功の罠

出所：Nadler, D. A. and Shaw, R. B.［1995］邦訳p.12.

発展を遂げてきた大企業では，事業活動が軌道に乗る成長期から安定期に至るプロセスが，比較的長期間維持されたと考えられます。そこでは，一般的に成功シンドロームとして，成功を盲信する，内部重視主義，尊大で自己満足に陥る，組織が複雑化する，保守主義に陥る，学習不能になるといった傾向に陥ります。その結果，一般的に，顧客重視が薄れる，コストの増加，スピードが鈍り，進取の気性が薄れます。これらの傾向から逃れられずに，同じことを繰り返し業績が低下します。しかし，今までの成功体験が深く組織の記憶に刻み込まれているため，環境が変化した現状を否定し，自らの事業活動を正当化す

ることに腐心します。再び同じことを繰り返すデス・スパイラルに落ち込むことになります。

5 組織進化と組織変革のダイナミズム

　組織が進化し続けるためには，組織のライフサイクルの発達段階に応じた組織変革が必要です。グライナー，ダフトのモデルは，組織進化の段階と組織変革の内容を特定するうえで示唆に富みます。21世紀に入ってからは，インターネットの発達により，組織変革のスピードが増し，その内容も不連続になっています。オープン・システムとしての組織は，外部組織との協調や提携を加速します。一方，クローズド・システムとしての組織は，外部環境に開かれたなかでも自己組織化することで，組織進化を遂げなければなりません。そのため，組織原則をベースとする基本的な組織形態を変革する必要に迫られています。

　組織変革は，組織の外部環境への適応のためには避けられない活動ですが，多くの阻害要因や抵抗が生じます。それらは，組織的な抵抗と個人的な抵抗に分けられ，組織研究において，マクロ組織論とミクロ組織論の両面から，組織変革における抵抗を考察しなければなりません。

　とくに個人的な変革への抵抗は，組織現象の理解を深めるうえで，それぞれ異なったとらえ方をすることに注意しなければなりません。それは，モダン・パースペクティブ，シンボリック・パースペクティブ，ポストモダン・パースペクティブの立場に分けて理解することです。**モダン・パースペクティブの立場**では，組織変革を理解するために，従来の合理的で効率的な**システム**や**制度構築**を重視することに注力します。シンボリック・パースペクティブの立場では，組織変革を解釈するために，**社会的に構築された相互関係**を重視します。そこでは，変革に直面する前提，価値，そして人工物など，それらのシンボルを解釈することに注力します。**ポストモダン・パースペクティブの立場**では，組織変革を認識するために，**組織メンバー間の語りや対話**で確認しようとします。

このように，組織変革のとらえ方は多様であり，多元化した阻害要因を克服しなければなりません。しかし，組織変革の研究アプローチとして，組織進化の段階毎に，マクロ的とミクロ的な視点から分析を行うことで，阻害要因が明らかになってくるものと考えられます。

■章末問題■

1. フラット型組織とネットワーク型組織の違いを整理し，それぞれの可能性と限界について調べてください。
2. 部門間や職務間のボトルネックを解消するために，SCM（サプライ・チェーン・マネジメント）が有効であると考えられます。SCM（サプライ・チェーン・マネジメント）とは何か調べてください。
3. 組織変革はなぜ必要なのか，ミクロレベルの組織変革とマクロレベルの組織変革に分けて調べてください。
4. 企業組織のライフサイクル・モデルでは，組織には寿命があると考えられています。成熟期や精巧期など，衰退期の段階で，企業組織が再成長するためにはどのような取り組みが必要であるか考えてください。
5. 企業組織の成長と発展には組織変革が必要です。組織変革を阻害する要因にはどのようなものがあるのか，ミクロレベルとマクロレベル，それぞれの視点から考えてください。
6. ナドラーとショーが指摘したように，企業組織が「成功シンドローム」に陥らないためには，どのような組織変革が求められるか考えてください。

さらに理解を深めるための参考文献

- ダフト, R. L著・高木晴夫訳［2002］『組織の経営学』ダイヤモンド社.
- 大月博司［2005］『組織変革のパラドックス（改訂版）』同文舘出版.
- 田尾雅夫［2012］『現代組織論』勁草書房.

第IV部
ミクロ組織の理論

　ミクロ組織の理論では，組織と個人の関係，とくに人間と集団の組織行動について説明します。ミクロ組織論は，マクロ組織論と密接に関係しあっているため，環境，組織，集団，個人の境界を広げて，さらにそれらの重なりのなかで理解を深めます。

　第13章では，組織がそこで働く個人に，どのようなマネジメント施策を計画的に構築するのかが組織研究の重要なテーマとなります。組織と個人をつなぐ仕事にかかわるモチベーションについて考察します。ここでは，内発的動機づけを誘発する組織のモチベーション・マネジメントについて説明します。

　第14章では，組織に対する個人のコミットメントの研究を取り上げます。近年のコミットメント研究では，大きく3つのアプローチで研究が進められてきました。第1に，モチベーションを高める視点から，第2に，アイデンティティを形成する視点から，そして，第3に，行為を拘束する視点からの研究です。

　第15章では，リーダーシップの研究を取り上げます。伝統的な研究としての資質理論から行動論へ，そして変革型リーダーシップへ発展しています。バーナードの権威受容説では，下方に位置づけられた人を尊重する立場から，トップ・マネジメント層の影響関係が論じられています。コッターによれば，リーダーシップとは，ビジョンを明示してフォロワーを参画させて変革を推進することです。また，環境変化の激しいなかでは，カリスマ的リーダーや変革型リーダーのリーダーシップの発揮が，フォロワーシップとして大きな影響力をもちます。

第13章　モチベーション

POINT

1. 人は何によって働くことに動機づけられるのかについて，モチベーションの欲求理論を説明してください。
2. 人はどのように動機づけられるのかについての，モチベーション過程理論を説明してください。
3. デシによれば，内発的動機づけの要因には，どのようなものがあると提唱していますか。2つの要因をあげて説明してください。
4. 内発的動機づけは，外発的動機づけの要因によって弱められてしまいます。なぜそのようなことが起きるのか説明してください。

Key Word

キャリア発達モデル，欲求理論，マズローの自己実現モデル，アルダファのERGモデル，ハーズバーグらの二要因説，マクレランドの達成動機説，過程理論，グッドマンとフリードマンの公平説，ルーサンスやハムナーの強化説，ブルームの期待説，目標設定モデル，外発的動機づけ，内発的動機づけ

Summary

　組織における人間行動，人間関係について，行動科学の代表的な理論を解説します。ミクロ組織論として，モチベーション，コミットメント，リーダーシップ，コンフリクト，マネジメントについて考察します。本章ではまずモチベーション理論について紹介します。

　最初に，組織人として，スーパー（Super, D. E., 1957）が提示したキャリア発達モデルを紹介します。自らのキャリアを確立し発展させることが重要ですが，組織がそこで働く個人に，どのようなマネジメント施策を計画的に構築するのかが組織研究の重要なテーマとなります。そこで，組織と個人をつなぐ仕事にかかわるモチベーションについて考察します。

第13章　モチベーション

> 　モチベーションの欲求理論では，マズロー（Maslow, A. H., 1943；1954）の欲求段階説の理論構造とモデル，アルダファ（Alderfer, C. P., 1969；1972）のERGモデルについて解説します。さらに，ハーズバーク（Herzberg, F. et al., 1959）の二要因説（動機づけ要因－衛生要因）理論，マクレランド（McClleland, D, C., 1961）の達成動機説について解説します。まとめとして，マズロー，アルダファ，マクレランド，ハーズバークの説を比較研究します。
> 　モチベーションの期待理論では，ブルームの期待理論，グッドマンとフリードマン（Goodman, P. S and Friedman, A., 1971）の公平説，ルーサンス（Luthans, F. and White, D. D. Jr., 1971）やハムナー他（Tosi, H. L. and Hamner, W. C., 1974）の強化（学習）説について解説します。過程理論のなかで，もっとも有効とされるのは，ブルーム（Vroom, V. H., 1964）の期待モデルです。このモデルは，実証的に検討が繰り返され，他の理論に比べると，組織のなかの人間行動だけでなく，職業選択など広範囲にもっとも汎用の度合いが高いとされています。
> 　モチベーションの目標設定理論では，仕事場面における管理技法として，ドラッカー（Drucker, P. F., 1954）の目標設定理論を解説します。

1　組織人のモチベーション・マネジメント

　組織で働く人は，自らのキャリアを確立し発展させることが重要ですが，組織がそこで働く個人に，どのようなマネジメント施策を計画的に構築するのかが重要です。
　組織と個人は，仕事を通じて相互関係を維持していることから，個人の原動力ともいえる，モチベーションについて代表的な理論を学ぶことにしましょう。第1は，人間行動を理解するうえで，人間の欲求にはどのようなものがあるのか，動機づけの要因は何であるのかという，**モチベーション内容理論**です。第2は，人間の行動がなぜどのように動機づけられるのかという，過程（プロセス）を明らかにしようとする，**モチベーション過程理論**です。

2 モチベーション欲求理論

モチベーション欲求理論は，人は何によって働くことに動機づけられるのかについての理論であり，**欲求説（need theory）**，または，何に動機づけられるのか，その内容を重視するので**内容説（content theory）**とも呼ばれます。

ここでは，4つのモチベーション欲求理論を紹介します。第1は，マズロー（Maslow, A. H., 1943 ; 1954）の自己実現モデルです。第2は，アルダファ（Alderfer, C. P., 1969 ; 1972）のERGモデルです。第3は，ハーズバーグ（Herzberg, F. et al., 1959）の二要因説です。第4は，マクレランド（McClleland, D. C., 1961）の達成動機説です。

2.1 マズロー（Maslow, 1943 ; 1954）の自己実現モデル

マズロー（Maslow, A. H., 1943 ; 1954）の欲求段階説，または，自己実現モデルは，実証性がないと批判されながら，今日において，経営学とくに組織理論に大きな影響を与え続けてきました。マズローによれば，欲求は相対的重要性に従って階層をなしており，低次レベルの欲求が満たされると，次に高次レベルの欲求が出現してくるというものです。

低次レベルの欲求には，食物，睡眠，運動，性などの①生理的（physiological）欲求，安全，安定，保護，衣や住などの②安全（security）の欲求があります。①生理的欲求と②安全の欲求がよく満たされると，次に，人々との愛情に満ちた関係や所属する集団や家族を求める③社会的（social）欲求に関心が向かいます。さらに，人は自分に対する高い評価や他者よりも優れていたいとする④自尊（esteem）の欲求へと，これらは順次低次から高次へ階層をなしています。この順序関係は不可逆的とされています。つまり，高次の欲求が充足されない場合，下位の欲求に戻ることはないと説明されています。以上の欲求が満たされると，さらに成長する動機づけが高まり，自己の潜在的可能性を実現したいという欲求が出現します。それが，⑤**自己実現（self actualization）の欲求**で

す。⑤自己実現の欲求は，もっとも高次の，もっとも人間の本性に忠実な動機づけであり，行動によって報酬を得るのではなく，行動そのものを目的とする，独自のなりうる自分自身になっていきたいという願望であり，絶え間のない動機づけです。

2.2　アルダファ（Alderfer, 1969; 1972）のERGモデル

アルダファ（Alderfer, C. P., 1969; 1972）は，マズローの欲求階層モデルを修正してERGモデルを提示しました。アルダファによれば，人間の欲求は次の3つの次元に分けられます。①**人間にとって基本的な存在（Existence）**，②**人間関係にかかわる関係（Relatedness）**，③**人間らしく生きたい成長（Growth）**の欲求です。①人間にとって基本的な存在（Existence）は，生理学的・物的欲求，賃金とそれ以外の付加給付，物的作業条件に対する欲求です。②人間関係にかかわる関係（Relatedness）は，通常，家族，上司，同僚，部下，友人，敵なども含め，思想や意見，感覚や感情の相互的共有という形で満たされます。③人間らしく生きたい成長（Growth）は，自分の能力を最大限に活用することと，新たに能力を開発することから得られます。

アルダファの理論の特徴は，ERGの欲求が，同時に存在し並行することもあり得るとしたことであり，欲求が階層を逆行する場合も指摘しています。つまり，3つのそれぞれの欲求はその他の欲求と並存することがあり，高次の欲求が充足されないときは，それが後退して低次の欲求が強くなることもあります。3つのカテゴリーは連続的であることを強調して，しかも，その間は可逆的であると強調しています。

2.3　ハーズバーグら（Herzberg et al., 1959）の二要因説

ハーズバーグら（Herzberg, F. et al., 1959）などは，**二要因説（two-factor theory, or dual-factor theory）**を提唱しました。

ハーズバーグによれば，2組の欲求があると指摘しています。第1は，人間の環境から生じる痛みを回避したいという動物的欲求です。第2は，仕事の達

成を通じて精神的成長や潜在能力を発揮させたいという人間的欲求です。

第1の動物的欲求を①**衛生要因**（hygiene factors）と呼んでいます。例えば，賃金やさまざまの，作業条件，経営方針，上司や同僚，部下などとの人間関係などは低次の要因です。仕事そのものではなく，それの外にあるので**外発的**（extrisic）**な要因**でもあります。これらは，なければ不満，しかし，あったとしてもまったく満足することはない低次の欲求です。

第2の人間的欲求を②**動機づけ要因**（motivators）と呼んでいます。例えば，自らの仕事の達成，達成の他者からの承認，仕事への興味，責任などであり，**内発的**（intrinsic）**な要因**でもあります。働くという行為そのもののなかにある高次の欲求です。これらは，なくてもとくに不満ということはありませんが，経験してしまえばさらに強い満足を得るような欲求です。

ハーズバーグらの二要因説は，発想の特異さ，着眼の新鮮さによって，ジョブ・デザイン・アプローチに大きな影響を及ぼすことになりました。しかし，概念や測定にかかわる脆弱さなどがあり，しばしば批判されています。

2.4　マクレランド（Mclleland, D. C., 1961）の達成動機説

マクレランド（Mclleland, D. C., 1961）の**達成動機説**は，欲求理論のひとつに位置づけられます。マクレランドは，意欲的に何かを達成したいという高次の欲求を仮定し，その程度によって動機づけが異なることを提唱しました。ただし，あまりにも強く達成動機をもった人は，逆に，自己実現を回避することもあると指摘しています。そこで，仮定した高次の欲求の高い順に，①**達成**，②**権力**，③**親和**をあげています。高次の欲求であっても，その程度は中庸の動機づけが望ましいと考えました。

以上のように，モチベーションの欲求モデルを比較すると**図13-1**のとおりです。

図13-1 ■欲求モデルの比較

出所：桑田・田尾［1998］p.216.

3 モチベーション過程理論

モチベーション過程理論は，人はどのように動機づけられるのか，その過程に関心を向けるので**過程説（process theory）**，動機づけの流れや背景を議論するので，**文脈説（context theory）**と呼ばれることもあります。

ここでは，4つのモチベーション過程理論を紹介します。第1は，グッドマンとフリードマン（Goodman, P. S. and Friedman, A., 1971）の公平説です。

第2は，ルーサンスとホワイト（Luthans, F. and White, D. D. Jr., 1971）やトシとハムナー（Tosi, H. L. and Hamner, W. C., 1974）の強化（学習）説です。第3は，ブルーム（Vroom, V. H., 1964）の期待説です。第4は，目標設定モデルです。

3.1 グッドマンとフリードマン（Goodman, P. S. and Friedman, A., 1971）の公平説

グッドマンとフリードマン（Goodman, P. S and Friedman, A., 1971）などは，対人関係における**公平説（equity theory）**を援用して，努力したことが，いわ

ば公平に報われているかという個人の評価が，モチベーションに影響を与えていると考えました。努力の対価としての報酬とは，公平に処遇を受けているかということです。しかし，公平な処遇は，それぞれ個人によってさまざまな解釈があり，判断することが困難です。

グッドマンとフリードマンなどは，公平な処遇を，他の人との比較，つまり，社会的比較（social comparison）によってとらえようとします。しかし，個人の公平な処遇という，極めて主観的な判断であることと，比較相手の選定などによって，異なった基準が設定されることなど，さまざまな問題点も指摘されています。

3.2　ルーサンス（Luthans ,F. and White, D. D. Jr., 1971）やハムナー（Tosi, H. L. and Hamner, W. C., 1974）の強化（学習）説

ルーサンス（Luthans, F. and White, D. D. Jr., 1971）や**ハムナー**（Tosi, H. L. and Hamner, W. C., 1974）は，行動の変化を説明する学習心理学の理論を応用することによって，モチベーションの強さと弱さを説明しています。

個人の行動は，適切な賞賛を受けることで，さらに賞賛を受けるようにその行動はいっそう強化され，他方，賞賛を受けなかったり，逆に，罰せられたりすると，その行動は抑制されたり消失してしまいます。

強化（学習）説（reinforcement theory）は，賞賛を含めた報酬の与え方によって，組織のなかでモチベーションを操作しようとする考え方です。しかし，この説は，賃金などによるモチベーション効果については有用な説明モデルになりますが，それ以外の組織行動について当てはまらないことも多く，その限界が指摘されています。

3.3　ブルーム（Vroom, V. H., 1964）の期待説

過程理論のなかで，もっとも有効とされるのは，**ブルーム**（Vroom, V. H., 1964）の期待モデルです。このモデルは，実証的に検討が繰り返され，他の理論に比べると，組織のなかの人間行動だけでなく，職業選択など広範囲にもっ

とも汎用の度合いが高いとされています。

期待説（expectancy theory）の前提となる考え方は，モチベーションにおいて，合理人，つまり，個人は自らのコストや利益をそれなりに計算でき，それに基づいていくつかの選択肢から選ぶことができる人間を仮定していることです。行動を起こすにあたって，自らにとって不利な選択はしないという功利的な人間が想定されています。

努力すれば相応の成果が得られそうだという**期待**（expectancy）と，その成果が，価値があり，あるいは重要であると考える**誘意性**（valence）を掛け合わせたものがモチベーションの強さの関数であるとされます。入手可能でそれが必要なものであるほど，それを得ようという行動が動機づけられるというモデルです。

これを最初に公式化したのは，ブルーム（Vroom, V. H., 1964）ですが，その後にローラー（Lawler, E. E., 1971）やハックマンとポーター（Hackman, J. R. and Porter, L. W., 1968）など，さまざまなモデルが工夫されました。自分が良い成果をあげることができればさらに動機づけられます。その場合，報酬を得ることができれば，さらなる満足感によって成果を確信するというモデルです。組織のなかの人間の行動，それに意欲を起こさせる要因の説明に用いられています。

3.4 目標設定モデル

自らが，何をどのようにすべきかを決定できるような，意思決定への参加が可能な状況のもとでは，有意にモチベーションが高まることが知られています。自らの能力や資質を考えながら，達成可能な目標を立て，それを成し遂げ，評価を得て，さらに，以前の目標を上回る目標を立てるという好ましい循環過程が成立するからです。

サイモン（Simon, H. A., 1947）によれば，意思決定を行うにあたって，組織の目的と価値を共有しているときに，**組織と自分自身は一体化**（identification）していると指摘しています。では，その一体化は何で生み出されるので

しょうか。個人と組織の目標の統合を唱えたものが，目標による管理など経営管理の諸要素です。正式には，「**目標による管理（MBO：Management By Objectives through Self Control／自己統制による目標による管理）**」と呼ばれ，1950年代から60年代にかけて，アメリカの経営学者，**ドラッカー**（Drucker, P. F., 1954），**マクレガー**（McGregor, D., 1960）らによって提唱されました。

組織の目標を個人の目標としてブレークダウンし，実行段階では自己統制することでモチベーションを高めながら活動を推進する有力な考え方です。現在も多くの企業がこの**目標による管理制度**を導入し，日常活動の進捗管理に活かしています。

4 モチベーション欲求理論とモチベーション過程理論の統合

組織のなかでモチベーションを考える場合，複雑な状況や，さまざまな人間関係を考慮しながら，何によって動機づけるかという欲求と，どのように動機づけられるのかという過程の2つの視点の統合が必要です。

欲求理論は過程理論の前提となる考え方ですが，現在では複雑な状況や，さまざまな人間関係によって，モチベーションが変化することがあるため，欲求理論より過程理論で理解されることが多く見られます。

しかし，過程理論の弱点は，ブルームやローラーの期待説では数学的に表現することができ，理解しやすい反面，誘意性や手段性，努力，成果，報酬，満足感といった概念の把握が難しいことです。期待説の弱点は，自分の利害について人間は必ず最適な判断ができる，との合理人仮説が根底にあるということです。人間には，その時や場の状況や関係性によって，必ずしも最適で合理的な判断ができるとは限りません。むしろ，非合理な判断や選択をすることも少なくないからです。

5 外発的動機づけと内発的動機づけ

5.1 外発的動機づけ

　モチベーション理論の研究によって，その後，外発的動機づけと内発的動機づけに区分されて議論が展開されました。**外発的動機づけ**は，主に人間社会はお金を経済主体の交換，分配によって成り立っていて，人間はお金，つまり給料（経済的報酬）を主たる目的として働いているとみなす考え方です。とくに経済学では，人間は**経済的動機**によって行動するとされています。この前提に立てば，組織のなかでのモチベーションを高めるために，経済的報酬をどのような条件にするのかという工夫に焦点が合わされます。多くの企業組織では，人事管理の賃金制度の構築と改革によって，さまざまな取り組みが行われてきました。これらモチベーションを高め維持するインセンティブ・システムは，人的資源管理理論として研究が進められています。

5.2 内発的動機づけ

　経済的報酬に対する賃金制度だけでは，働く人のモチベーションについて明らかにすることはできません。実際に，高いモチベーションを維持しながら働きがいをもっている人たちには，次のような特徴があります。例えば，権限委譲をしてもらうことによる**自己決定感**，責任を与えられることから得る**自己有能感**，立場や使命感からくる**自己効力感**などです。これらの要因は，必ずしも経済的報酬からくる外発的動機づけではありません。自分自身の内面から湧き出てくるものであり，これらは**内発的動機づけ**です。

　デシ（Deci, E. L., 1980）によれば，内発的動機づけの要因は，**有能さ**（competence）と，**自己決定**（self-determination）であるとされています。有能さは，**自己の能力**（ability）あるいは**力量**（capacity）です。自己決定とは，自分の行動は自分自身が決めることができるということです。この有能さと自己

決定を感じることのできる活動にかかわれるときに，人は内発的に動機づけられると考えました。

しかし逆に，内発的動機づけは外発的動機づけの要因によって弱められてしまいます。なぜなら，外の報酬が自らの行動に結びついて，その報酬を得るために働いていると分かったなら，自分の有能さと自己決定が意味をもたなくなるからです。そのことからも，内発的動機づけにおいては，活動の結果のフィードバックを，外の報酬で与えるのではなく，個人の有能さや自己決定を尊重することの重要性が指摘されています。

6　モチベーションを高めるインセンティブ・システム

伊丹・加護野（2003）は，欲求階層説をベースに，インセンティブの種類を次の5つにまとめています。物質的インセンティブ，評価的インセンティブ，人的インセンティブ，理念的インセンティブ，自己実現的インセンティブの5つです。

物質的インセンティブとは，今日では主に，給与や賞与など金銭的な報酬のことを指します。しかし，生活水準がある程度上がり，最低限のレベルが充足されると，物質的インセンティブの効用も逓減すると一般的には考えられています。

評価的インセンティブとは，人は誰でも他人から尊敬されたいと思っており，職場の上司や同僚らから評価されたいと願っています。全社での表彰や，同僚より高い人事考課を得られるだけで人は仕事に意欲的になる面があります。

人的インセンティブとは，そこで働いている人たちが魅力的であり，組織文化も良く，活気に満ちた働き甲斐のある会社に見られます。とくに，組織メンバーともっともかかわりの深い先輩などは，メンターやOJTリーダーと呼ばれ，その人の影響力が大きいのです。

理念的インセンティブとは，そこで働く人々に尊厳や自信といった高次の欲求充足をもたらす，経営理念が大きな影響を及ぼしています。つまり，仕事を

する意味は，社会や人への貢献といった正義によって，大きな力をもちます。

自己実現的インセンティブとは，仕事そのものが，自分の成長の実感や仲間との連帯，周囲からの賞賛や尊敬，社会への貢献などが組み込まれていれば，自分も組織もともに成長することができます。

企業組織は，インセンティブ・システムを設計し運用することで，組織メンバーのモチベーションを高め，創造的な活動を推進しているといえます。成長している企業では，個人も挑戦的な仕事に取り組むことが多く，その仕事を通して個人が成長すると考えられます。一方，成長はさほど見込めない企業であっても，経営目的である経営理念が明確であり，組織メンバーの全員がその意味を深く理解して仕事に携わっている場合です。自らのビジョンやミッションによって，仕事を天職として取り組んでいることなどが考えられます。

以上のように，モチベーションを高めるインセンティブ・システムだけでなく，マネジメント・システムと合わせた取り組みが重要になります。

■章末問題■

1. 企業組織は，組織メンバーのモチベーションを高めるためにどのような組織制度（人事制度やインセンティブ・システムなど）や，組織活動（全社活動や福利厚生など）を展開しているのか，事例を挙げて調べてください。
2. 組織の目標と個人の目標を統合するためには，目標による管理制度が有効であると考えられます。企業組織における運用の実態とその可能性と課題について調べてください。
3. デシが指摘した内発的動機づけでは，「有能さ」と「自己決定」が重要であるとされています。この内発的動機づけを高めるために，これらの用語の意味するところを具体的に事例をあげて調べてください。
4. 本来人間は個々人によって，価値観や人格，行動特性，仕事に対する考え方や習熟度が異なります。モチベーションの，欲求理論と過程理論では，人間のモチベーションを説明できるのか，批判的に考えてください。

5．内発的動機づけは，外発的動機づけの要因や施策によって弱められてしまうのはなぜか考えてください。
6．組織人はキャリア発達段階で，モチベーションの特性が変化すると考えられます。年齢や状況ごとにどのようにワーク・モチベーションが変化していくのか考えてください。

> **さらに理解を深めるための参考文献**
>
> ・藤田誠［2014］『ベーシック＋（プラス）経営学入門』中央経済社.
> ・二村敏子編著［2004］『現代ミクロ組織論－その発展と課題』有斐閣.
> ・田尾雅夫［1998］『モチベーション入門』日本経済新聞社.
> ・上野恭裕・馬場大治編著［2016］『(ベーシックプラス) 経営管理論』中央経済社.

第14章 コミットメント

POINT

1. コミットメントとモチベーションの関係の研究を類型化すると3つに分けられます。それらをあげて内容を説明してください。
2. 近年のコミットメント研究は，大きく3つのアプローチで研究が進められてきました。その3つのアプローチをあげて説明してください。
3. 官僚制組織や，プロジェクト活動などの組織形態は，コンフリクト解消するためにどのような機能を果たしているのか説明してください。
4. コミットメントを高めるため，コンフリクト・マネジメントが重要ですが，とくに，組織変革の場面でどのような方法が有効でしょうか。

Key Word

同一化，ベッカー，サイド・ベット理論，マウディ，態度的コミットメント，行動的コミットメント，ワーク・コミットメント，経済的交換アプローチ，価値アプローチ，社会的交換アプローチ，コンフリクト，コンフリクト・マネジメント

Summary

　コミットメントとは，その人が心の底から本気になって仕事に没入することをいいます。仕事に我を忘れてのめり込むような気持ちや状態のことという意味で使われています。コミットメントはモチベーションと近い概念であり，とくに，内発的モチベーションと近い考えでもあります。仕事に携わるうえにおいて，コミットメントできることは，その人の生き甲斐にもつながります。しかし，自分の適性や能力，またそのときの状況や環境によって，必ずしもコミットメントできないときがあるかも知れません。一般的に，その人の仕事人生のキャリアの段階で，同じ仕事に長く携わることで飽きるなど，職場の人間関係が良くない場合など，コミットメントできないことが考えられます。

　個人が仕事にコミットメントするために，組織はさまざまな施策を創意工夫し

> ています。そこで最初に，コミットメントの研究系譜について整理します。とりわけ，ワーク・コミットメントの研究は，それが個人や組織の業績，従業員の職務満足，離職，転職と結びついていると考えています。
> 　近年のコミットメント研究は，大きく3つのアプローチで研究が進められてきました。第1は，モチベーションを高める視点からの研究です。第2は，アイデンティティを形成する視点からの研究です。第3は，行為を拘束する視点からの研究です。ここでは，マウディら（Mowday, R. T. et al., 1982）の，態度的コミットメントと行動的コミットメントを紹介します。さらに，コミットメントの要素について理解を深め，コミットメントを高めるマネジメントについて解説します。
> 　最後に，コミットメントを阻害する要因として，職場におけるコンフリクトの発生とその解消についても説明をします。

1　コミットメント（commitment）とは

　組織の目標に対して個人の目標が互いに合致しない場合，個人と組織は対立し，**コンフリクト（conflict）** が生ずることになります。この組織と個人の目標の相違を埋めるのが，**コミットメント（commitment）** といわれるものです。コミットメントという概念は多義的で，日本語への翻訳が大変難しい言葉です。敢えて翻訳すると，献身，傾倒，義務，約束などという用語になります。

　コミットメントの研究の難しさは，コミットメントの対象および扱っている変数の多様性にあります。個人，集団，組織などのレベル，またそれぞれのレベルでの価値観や信念，関係性，役割，経験，状況などが多様です。それに加え，人間行動の背景にある意識や認識を，どのように判断し評価するのか，という問題があります。また，当事者間であっても，コミットメントしているかそうでないかなど，客観的に判断することが極めて難しいからです。

　しかし，さまざまな課題があるものの，企業が事業活動を円滑に推進するうえで，個人のコミットメントの研究が不可欠です。

2　コミットメント研究の系譜

　組織に対する個人のコミットメントの研究は，次の3つの視点から研究されてきました。第1は精神分析学的視点，第2は功利的視点，第3は情動的視点です。

　1960年代，組織と対等にかかわる個人に焦点を当てた新しい組織コミットメントのとらえ方が現れました。個人と組織とは**社会的交換（social exchange）関係**にあるという考え方です。社会学者のベッカー（Becker, H. S., 1960）は，個人と組織との交換関係を**サイド・ベット（side bets）**という概念を用いて説明しています。サイド・ベットとは，もし個人が今行っている行動をやめたら，重要な何かが剥奪されるという理由によって，今の行動をし続けることを意味します。重要な何かとは，利害関係であり，物質的な利害関係（外的報酬）と，心理的な利害関係（内的報酬）の交換関係です。こうした組織コミットメントのあり方は，その動機が利害関係を基礎としているため，**功利的コミットメント**と呼ばれています。

　1970年代に入って以降，利害関係からだけでは説明できない点に着目し，情動的視点から組織コミットメントをとらえようとする研究が心理学者たちから出てきました。ポーターら（Porter, L. M., et al., 1974）は，組織コミットメントを「組織の目標・規範・価値の受容，組織のために積極的に働きたいという意欲，組織にとどまりたいという強い願望によって特徴づけられる情緒的愛着」と定義しています。また，マウディ（Mowday, R. T. et al., 1982）は，「特定の組織に対する個人の同一化および関与の相対的な強さ」という定義を与えています。

　功利的視点では，個人と組織との利害関係を取り上げているのに対し，情動的視点では，個人と組織との信頼や愛着の関係の深さに焦点を当てています。この情動的視点と功利的視点から組織コミットメントをとらえるという視点は，「**態度的なもの**」と「**行動的なもの**」に分けて考えることへと発展していきま

した（Mowday, R. T., et al, 1982；Salancik, G. R. et al., 1977）。

3 ワーク・コミットメント（work commitment）の研究

　ワーク・コミットメントの研究は，それが個人や組織の業績，従業員の職務満足，離職，転職と結びついていると考えています。

　グールドナー（Gouldner, A. W., 1957）は，**組織コミットメント**（organizational commitment）と**職業的コミットメント**（occupational commitment）とを区別して論じています。組織コミットメントが高く職業的コミットメントが低い人をローカルと呼び，逆に職業的コミットメントが高く組織コミットメントが低い人をコスモポリタンと呼びました。

　スタグナー（Stagner, R., 1954）によれば，人は同時に複数の対象に対して，相互に矛盾した事項であったとしても，態度的にまた行動的にコミットしているという**二重忠誠**（dual allegiance）があることを主張しています。

　モロー（Morrow, P. C., 1993）は，ワーク・コミットメントを構成する概念を5つに分類しています。①職務関与（job involvement），②情動的組織コミットメント（affective organizational commitment），③継続的組織コミットメント（continuous organizational commitment），④キャリア・コミットメント（career commitment），⑤労働倫理観（work ethic endorsement），です。それまでに意味上の重複や，異同を指摘することが難しかったワーク・コミットメントという概念を，この5つの次元によって整理しました。

　クーパー・ハキムとヴィスヴェスヴァラン（Cooper-Hakim, A. and Viswesvaran, C., 2005）は，ワーク・コミットメントを，5つの下位概念に分類しました。①組織コミットメント（organizational commitment），②職務関与（job involvement），③キャリア・コミットメント（career commitment），④労働倫理観（work ethic endorsement），⑤労働組合コミットメント（union commitment），です。

4 近年のコミットメント研究

コミットメントの研究は，大きく3つのアプローチで研究が進められてきました。第1は，モチベーションを高める視点からの研究です。第2は，アイデンティティを形成する視点からの研究です。第3は，行為を拘束する視点からの研究です。

4.1 モチベーションを高める視点からのコミットメント

コミットメントとモチベーションの関係の研究を類型化すると，経済的交換アプローチ，価値アプローチ，社会的交換アプローチの3つに分けることができます。

経済的交換アプローチは，コミットメントを功利的で自己目的達成の手段とみなしています。コミットメントを，組織の個人の間で交わされる賃金と労働力の交換という，経済的な意味での交換関係を軸にとらえようとします。

価値アプローチは，コミットメントを功利的でなく情緒的な現象とみなします。コミットメントを**マズロー**（Maslow, A. H., 1987）の高次欲求の充足を分析の基礎としています。例えば，メンバーとの友好関係などの社会的欲求，他者からの尊敬を得たいという自尊の欲求など，両者の目的や価値が共通または一致するという特徴があります。

社会的交換アプローチは，コミットメントを個人と組織の関係ではなく，取り巻く環境との関係を含めて理解しようとする研究です。例えば，組織での仕事が嫌になり，報酬に魅力を感じなくなったとしても，現在の所属組織を辞めることができない場合があります。そのような状況における消極的なコミットメントも現実に存在します。

4.2 同一化（Identification）を形成する視点からのコミットメント

コミットメントを，個人の行動に着目して，自我の形成や自己認識と結びつ

ける同一化(どういつか)（identification）の関連からアプローチする研究があります。個人の行動を支配するのは，欲求ではなく同一化であり，個人がどの程度自分を組織と同一化させるかによって，組織へのコミットメントに対する態度や行動に差が出るかと考えています。

フート（Foote, N., 1951）は，他者と同一化することにより，人は正しい状況判断や期待された役割遂行が可能になると指摘しています。一方，**マエルとアシュフォース**（Mael, F. A. and Ashforth, B. E., 1995）は，同一化をコミットメントとは別の概念と位置づけました。つまり，同一化させることで，個人に，他者やある組織に対して，信用や忠誠心をもたせることができると考えたのです。

同一化を形成する視点からのコミットメントの研究は，組織が個人をコミットメントさせる方法ではなく，人間の欲求の上位概念として，自我の形成や自己認識の場を組織が提供することの重要性を示唆するものでした。しかし，現在も数量的に実証できる手法が開発されないという課題が残されています。また，同一化を形成する視点からの研究は，モチベーションとコミットメントの関係から，価値アプローチに近い研究です。

4.3　行為を拘束する視点からのコミットメント

実際に人間の行為は，自分の利益や目的のためだけにではなく，組織や他者のためにコミットメントすることもあります。この場合のコミットメントは，個人の行為を拘束することを意味しています。

ストー（Staw, B. M., 1982）は，行為へのコミットメントは，今までに費(つい)やしてきた時間が長く，費用や努力などの累積投資が多いほど強化されることを指摘しています。さらに，個人の行為が周囲に知られている場合や，行為に責任がともなう場合も，行為へのコミットメントが強化されやすいと考えられています。

とくに，組織のなかでの仕事においては，多くの他者に自らの行為は知られており，その行為の結果について必然的に責任を問われることになります。つ

まり，仕事は報告を義務づけられ，結果責任を問われるため，自らの行為の説明責任をも果たさなければならないため，行為への拘束(こうそく)は強化されるのです。

行為を拘束する視点からのコミットメントの研究は，責任が明確であれ，責任が不明瞭であれ，周囲に知られた何らかの行為は，自分の意志に反して強化されることになります。取り巻く環境によって行為が拘束されることから，社会的交換アプローチに近い研究です。

4.4 態度的コミットメントと行動的コミットメント

マウディら（Mowday, R. T. et al., 1982）は，コミットメントを，態度的コミットメントと行動的コミットメントに分けて説明しています。

態度的（attitudinal）コミットメントとは，対象に対する心理的な状態を意味するもので，愛着（attachment）や同一化（identification），一体感（oneness）を意味します。これらの情緒として形成されたコミットメントは，その人の態度として，その人の心理に深く刷り込まれたものになります。

行動的（behavioral）コミットメントとは，対象に対して一貫した活動や行為をとり続けることを意味します。これらの活動や行為のコミットメントは，「行為が自らの自由意志によって引き出されたという認知」，「行為の逆戻りの可能性があることの認知」，「重要な他者が注目してくれていることの認知」によって規定されます。

態度的コミットメントと行動的コミットメントは，それぞれ独立に存在するわけではなく，相互的で自己強化的なサイクルを経ます。コミットしている自分自身の行動を客観的に見て，それに整合するように自らの態度を調節し，組織にコミットメントしていきます。そのような態度が次なる行動的コミットメントを引き起こすといった過程です。

4.5 組織コミットメントの3要素モデル

マイヤーとアレン（Meyer, J. P. and Allen, N. J., 1991, 1997）は，**功利的(こうりてき)－情動的(じょうどうてき)，態度的－行動的**，という視点を統合して3つの要素からなる組織コ

ミットメントを提唱しました。それは，①情動的コミットメント（affective commitment），②継続的コミットメント（continuance commitment），③規範的コミットメント（normative commitment），です。これを，組織コミットメントの3要素モデル（three-component conceptualization of organizational commitment）と呼んでいます。

情動的コミットメントとは，「組織の一員であることの喜びとともに，組織との同一化および組織への関与の強さによって特徴づけられる，個人が組織に対して抱く情動的な親密感」と定義されます。

継続的コミットメントとは，「個人が組織のなかで行った投資から得られる利益を放棄するコストのために組織にとどまり続ける必要性」を意味します。

規範的コミットメントとは，「個人が組織に対して抱いている義務感や恩義によって感じる組織との親密感」です（Bergman, M. E., 2006）。

組織コミットメントの3要素モデルの特徴は，規範的コミットメントという職業倫理に関する要素を取り入れた点で優れています。しかし，規範的コミットメントを実証的に解明するには課題が多く残されています。

5　コミットメントを高めるマネジメント

組織に強くコミットメントしたメンバーは，組織へのロイヤルティが高く，熱心にしかも献身的に働こうとするので，組織の効率や生産性の向上が期待されます。また，活動成果に見合った報酬や評価を得ると，さらにコミットメントが強化されると考えられます。そして，企業は個人の**ワーク・モチベーション**を高めることで，経営目的の達成要素のひとつとして利益追求を図ろうとします。Off-JT（Off the Job Training）やOJT（On the Job Training）などの教育訓練や人事管理制度を整備することで，メンバーの組織へのコミットメントを高めようとします。

しかし，今，組織と個人の関係は，会社人間と呼ばれた組織への忠誠心や愛着などが変化します。自分の時間と生活を重視する自己への忠誠心や愛着を重

視する時代ともいわれるようになってきました。組織と個人の関係性は単純ではありませんが、少なくとも、個人の時間や価値観を重視する多様なマネジメントが必要になってきました。

6 コンフリクト

フォレット（Follett, M. P., 1941）は、管理の全領域に共通する諸原理が存在すると考えました。とくに注目した問題は、本質的に対立する個人と社会集団を和解させるということでした。個人と組織の間での対立、つまりコンフリクトの解消について有効な4つの基本原則を提示しています。

第1は、直接接触による整合です。水平の情報伝達の重要性です。第2は、初期段階における整合です。政策や決定に関心をもつ人々を決定参加させるというものです。第3は、状況に含まれるすべての要因の双方向的関係の整合です。相互関係の重視です。第4は、継続過程としての整合です。権威と責任は、階層秩序の特定の人ではなく、実際に遂行される機能から派生するものです。

このように、意見の相違などの対立は、**制圧**や**妥協**によってではなく、**統合**によって解決されるなら、かえって共通の利益に貢献するというのがフォレットの信念でした。

6.1 コンフリクトの発生

コミットメントを高めるうえで、それらを阻害する要因があります。組織のなかでは、人と人、部門と部門、近年では組織と組織の間で、**パワー関係**から状況によって対立する場面が少なくありません。それが、コンフリクトです。コンフリクトは、社会間では紛争であり、人や組織では葛藤ととらえられます。コンフリクトとは、2つないし3つ以上の人ないし集団に生じる対立的あるいは敵対的な関係のことです。

ポンディ（Pondy, L. R., 1967）は、コンフリクトが発生しそうな条件として、次の3つをあげています。第1は、**資源の希少性**であり、少ない資源をめぐっ

て互いに競合することです。第2は、**自律性の確保**であり、パワーを獲得することで他者を統制したいと考えることです。第3は、**意図関心の分岐**であり、共通の目標に至らず、協力関係が保てないことです。このような条件から、コンフリクトを引き起こすことになりますが、当事者間で気づかない潜在的なコンフリクトも含まれています。

6.2　コンフリクトの意義

ロビンス（Robbins, S. P., 1974）は、コンフリクトを組織の業績に向上するように管理する重要性を指摘しています。つまり、コンフリクトの機能と意義を見出そうとする視点です。そして、次のように要約しています。

第1に、中位程度のコンフリクトであれば、人の関心や好奇心を刺激して、人の行動に活性化をもたらすという点です。第2に、見解が対立することは上質のアイデアをもたらすことがあり、組織を創造的な方向に向かわせるという点です。第3に、対立や敵対は変革を生み出す意欲を高め、非合理的でも破壊的でもないという点です。このような3つのとらえ方から、コンフリクトはあらゆる組織で意義をもつものと考えられます。

6.3　個人間コンフリクトと集団間コンフリクト

個人間の対人的なコンフリクトは、個人特性、価値観や態度などの相違、また、組織のなかでの欲求の相違からも生じます。コンフリクトを生みやすい人の特徴として、権威主義的、自律指向、自由を確保したい指向の人や、忙しくしていることが通常である**タイプAの人、ホイッスルブロワー**と呼ばれる内部告発者の傾向にある人などです。組織の発展にとって、このような改革者（reformers）の意見も、トップ層はその意見を聴いて、その正当性を判断して取り入れることが、組織変革を成功に導くかどうかの分かれ目になってくるでしょう。

また、分業、専門化、部門化、分権化が進むと、集団間ないし組織間のコンフリクトが不可避になります。主なコンフリクトの構造として、スタッフとラ

イン間の水平的コンフリクトと，上司と部下間の垂直的コンフリクトがあります。

集団間コンフリクトは，主に次の3つの要因によって引き起こされます。第1は，**未熟な組織内関係**です。組織形態としての官僚制組織が未発達なために生じるコンフリクトです。コミュニケーションの経路が不明確であり，業務の標準化，文書化，内部手続きなどのルールが未熟な組織において見られます。制度の不備は不要なコンフリクトを生み出します。第2は，**不完全なコミュニケーション・ネットワーク**です。集団間が相互依存的であればあるほど，コミュニケーションの量と質が求められます。その頻度も高まるため，円滑な調整を図るためのネットワークの構築が重要になります。第3は，**利害関係の対立や競合**です。部門間や職能間ごとに追い求める目標の相違から生じたり，官僚制組織による逆機能からも生じたりします。利害の対立で深刻なのは，誰かが利得を得て誰かが利得を失う，いわゆるゼロサム的状況に陥る場合です。これらの場合は，組織の本質的な目的とかけ離れたコンフリクトの解消が必要です。

また，シェリフとシェリフ（Sherif, M. and Sherif, C. W., 1969）によれば，集団間コンフリクトは，内部で凝集性を高め，外に対して一致団結して対立と敵対関係を強める傾向があります。

6.4　コンフリクト・マネジメント

官僚制組織を代表する組織構造や，プロジェクト活動などの組織形態は，**コンフリクト解消**するための組織体制の整備です。同時に，さまざまな組織制度の構築や，経営管理のさまざまなルールやアイデアも，不要なコンフリクトを解消するための仕組みです。コンフリクトを管理することで，組織の効率や生産性に良い影響を及ぼすことが分かってきました。コンフリクトを組織変革の場面で，ポジティブな側面からマネジメントする方法が求められています。それは，コンフリクト・マネジメントという考え方です。

シュミット（Schmidt, W. H., 1974）は，コンフリクトを，どの程度自らの

利害にこだわるかの**自己主張性**（assertiveness）と，どの程度他者の利害に関心をもっているかの**協力性**（cooperativeness）の二次元でとらえています。

①競争（competing），②和解（accommodating），③回避（avoiding），④妥協（compromising），⑤協力（collaborating）です。競争は，自分の利得にこだわり相手を打ち負かそうとします。和解は，自分の利得を捨て，相手に譲るような方法です。回避は，自分と相手の利得が表立つのを避けようとします。妥協は，適当なところで折り合いをつけようとします。協力は，自分も相手の利得も大きくなるように働きかけます（**図14-1**）。

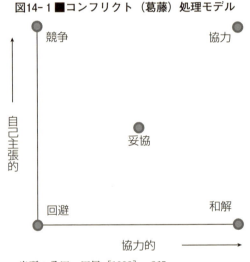

図14-1■コンフリクト（葛藤）処理モデル

出所：桑田・田尾［1998］p.265.

バーク（Burke, R. J., 1990）は，上司と部下のコンフリクト関係を解消するために5つの方法を提示しています。①一方が立場を**撤回**（withdrawal）して他方に応諾すること，②一方が宥めすかして**宥和**（smoothig）すること，③互いが折り合うところを見つけて**妥協**（compromise）すること，④一方がむりやり**強制**（forcing）すること，⑤互いに問題を**直視**（confrontation）して方策を探ることです。このなかで，もっとも望ましい方法は⑤の互いに問題

を直視（confrontation）して方策を探ることです。

7　組織と個人の目的統合

　経営組織研究の系譜は，組織をクローズド・システムからオープン・システムとしてとらえ，外部環境に適応することで持続性を高めることを解明しようとしてきました。マクロ組織論においては，外部環境と組織の関係に焦点が合わされ，ミクロ組織論においては，組織と個人の関係に焦点が合わされて研究が進められてきました。本章では，ミクロ的な視点から，コミットメントとコンフリクトに焦点を合わせてきました。組織と個人の活動の目的を，いかに統合するのかを解明するための考察です。

　組織と個人の目的統合については，バーナードの協働システムの追求がそのきっかけになりました。しかし，**組織の境界を拡大**し，環境の不確実性が増大するなかで，**組織内部の多義性を削減**するためには，多元的な阻害要因を克服しなければなりません。グローバル化が進展するなかでは，多様な価値観や特性をもった人間が，組織目的を共通に認識，解釈，理解する場と時間が必要です。組織メンバー間のコミュニケーションを核にした相互作用のプロセスをとおした活動です。

　明確な組織目的を，多様な人間が共通に理解し行動に移すためには，組織コミットメントが求められます。阻害要因としてのコンフリクトを解消するためには，**経営理念の明示と共有**が欠かせません。企業組織では，ビジョン，ミッションを明確にし，各個人ごとの役割も明確に目標化します。

　ビジョン，ミッションの実現に向けた取り組みは，経営者やマネジャーの重要な役割です。高い成果を生み出すために，どのように組織メンバーの活動目標と能力のレベルを上げて，コミットメントを引き出すかが，企業組織の持続性の要因となっています。そのためには，企業組織において，組織目的を共通に認識する場として，人材育成や対話を生み出す組織形態など，経営理念の浸透を図る取り組みを行っています。

■章末問題■

1. マウディが提唱した，態度的コミットメントと，行動的コミットメントとはどのような概念でしょうか。その内容について整理し，具体的な事例をあげて調べてください。
2. 部門間，上下間，職務間でコンフリクト（対立）が発生するのはなぜでしょうか。その理由について調べてください。
3. コンフリクト・マネジメントとは何か，リーダーとマネジャーに求められる役割と能力について考えてください。
4. 個々の組織メンバーは，ワーク・モチベーションを高めて，組織へのコミットメントを高めるためには，企業組織はどのような取り組みが求められるか，経営者の視点で考えてください。
5. 企業組織は，組織メンバーのコミットメントを高めるために，経営理念を共有し浸透させる活動に力を入れています。それが有効であるかどうか，他の方法があるのかどうか考えてください。
6. 組織へのコミットメントと，コンフリクトの解消のいずれもが，経営者やマネジャー，またはリーダーのかかわりが大きく影響を及ぼすと考えられます。そこで求められる機能とは何か考えてください。

さらに理解を深めるための参考文献

- 二村敏子編著［2004］『現代ミクロ組織論－その発展と課題』有斐閣.
- 田尾雅夫［1997］『「会社人間」の研究－組織コミットメントの理論と実際』京都大学学術出版会.

第15章　リーダーシップ

POINT
1. リーダーシップの研究の資質理論，行動論の代表的な理論に共通する要因について説明してください。
2. バーナードの権威受容説とはどのような考え方か，リーダーシップとフォロワーシップという用語で説明してください。
3. コッターは，リーダーシップとマネジメントの違いをどのように説明しているでしょうか。
4. 環境変化の激しいなかでは，どのようなタイプのリーダーが，フォロワーに大きな影響力を与えるでしょうか。

Key Word
権威受容説，特性論アプローチ，行動アプローチ，オハイオ研究，ミシガン研究，マネジリアル・グリッド理論，PM理論，リーダーシップのコンティンジェンシーアプローチ，フィードラーのリーダーシップ状況適応理論，ハウスのパス・ゴール理論，カーとジャルミャの代替性仮説，ハーシーとブランチャードのSL理論，カリスマ的リーダーシップ，変革的リーダーシップ，リーダーシップとマネジメント，フォロワーシップ

Summary

　チームや集団を統率，支援，促進，さらに変革するリーダーシップは，チーム間や集団間を結びつける連結ピンの役割を担っています。チームや集団は，マクロ組織論とミクロ組織論を結びつける重要なテーマです。
　リーダーシップの初期研究として，伝統的な研究としての資質理論では，リーダーの性格や外観などの特性などを考察対象としてきた資質理論について解説します。
　その後，リーダーシップを資質で説明しようとするアプローチから行動面での特徴を研究するアプローチへと移行しました。つまり，リーダーシップの行動理

論であり，そこでは，ミシガン研究，オハイオ研究，リーダーシップ・スタイル，マネジリアル・グリッド理論，PM理論の研究について解説します。

さらに，研究の進展により，唯一最善のリーダーシップ・スタイルを提示するよりも，有効なリーダーシップは，リーダーの置かれた状況，例えば，環境や課題の性質，部下の仕事への成熟度などによって異なるという考え方が現実的であるということが明らかになってきました。これは，リーダーシップのコンティンジェンシー理論と呼ばれます。コンティンジェンシー理論では，フィードラーのリーダーシップ状況適応モデル，ハウスのパス・ゴール理論，カーとジェルミャの代替性仮説について解説します。また，戦略的組織変革における変革型リーダーシップについて解説します。

最後に，トップ・マネジメントの機能として，企業の持続性を追求する事業活動，コーポレート・ガバナンス，企業の社会的責任（CSR）が重要な機能としてあげられます。

1　権威の受容

権限の受容には，2つの考え方があります。1つは，伝統的に，権限は，その多くは階層の上方に位置する人が，相応に影響を与えることになり，下に位置づけられたものは，それに従うという考えです。もう1つは，権限が受け入れられなければ有効ではなく，面従腹背のようであれば実効的ではなく，権限は下方に位置づけられた方にあるという考えです。

バーナード（Banard, C. I., 1938）は，権限の委譲について，**権威の受容**として，下方に位置づけられた人を尊重する立場から，トップ・マネジメント層の影響関係を論じています。それは，**権威受容説**と呼ばれています。

権威とは，むき出しで，むりやり服従を強要するようなやり方では，拒否されるか，円滑に応諾がもたらされず不要なコンフリクト，つまり，葛藤が生じることにもなります。むしろ，権威を権威と感じさせないような方式の影響関係が形成されるほうが望ましいのです。つまり，権威を不自然に感じない**無関**

心域(zone of indifferrence)が広がるほど，権威は権威らしくなるというパラドックスが指摘されています。

リーダーシップというと，何か強い上の位置から行使するものととらえがちですが，下の位置であるフォロワーシップの概念も含めて説明します。

2 リーダーシップとは何か

リーダーシップとは，対人的な影響関係をとらえるためには不可欠の概念です。社会心理学において，**対人影響力**という言葉で説明されることもあります。そこでは，権限が委譲されても，影響は受け入れられることによって正当性が賦与されるのであり，そこで初めて権威が成り立つと考えられます。影響を受け入れる側の立場からは，組織の上下間などのパワー関係ではありません。その人を信用し，信頼したり，さらに尊敬できたりするフラットな関係から，大きな影響力を受けるといえるでしょう。例えば，対人影響力は，相手からの依頼を受け取るほうが納得したうえで行動に至るプロセスとも考えられます。

2.1 リーダーシップの定義

リーダーシップの定義は，研究者の数だけあるといわれています。ここでは，それらのなかでも比較的広義であるスタジル（Stogdill, R. M., 1974）の定義を紹介します。

スタジルによれば，リーダーシップとは，集団の成員に受け入れられるような目標を設定し，達成するために個々の人たちの態度や行動を統合的に組み立て，いわゆる組織化を行い，それをさらに，一定の水準に維持するという集団全体の機能であると説明しています。つまり，「**リーダーシップとは，集団目標の達成に向けてなされる集団の諸活動に影響を与える過程**」と定義できます。

3 リーダーシップの研究系譜

3.1 伝統的リーダーシップ研究と系譜

3.1.1 特性追求的研究（古典的アプローチ）

　リーダーの共通特性を検討・研究するもので，心理的・心身的特性を抜き出した研究です。優れたリーダーに共通する個人的特性をリストアップしました。例えば，年齢，身長，性別，外見，知能，決断力，雄弁さ，社交性などの数多くの項目です。これらのなかから，リーダーが**フォロワー**より多く備えているものがあれば，リーダーの個人的特性であるとみなす研究です。このような考え方は，**特性論アプローチ（trait approach）**と呼ばれています。しかし，これらの研究では，リーダーとフォロワーを区別する普遍的な特徴を見つけ出すことはできませんでした。

3.1.2 類型追求的研究（行動アプローチ）

　初期のリーダーシップ研究である，特性要因追求の研究では，有効な成果が生み出されませんでした。そこで，リーダーの行動に着目する行動アプローチの研究が行われました。いわゆる，**アイオワ研究**と呼ばれ，そこで，民主型，専制型（権威主義的），放任型（自由放任的）の3つのタイプに分けて，効果的なリーダーシップについて明らかにしています。主な研究者は，レヴィン・リピット・ホワイトがあげられます（Lewin, K., Lippit, R. and White, R. K., 1939）。

　民主型とは，フォロワーの考えと期待を察知しながら，集団を方向づけるようなリーダーシップです。**専制型（権威主義的）**とは，リーダーがフォロワーの意図関心には関係なくすべての事柄を決め，フォロワーはそれに従うだけの場合です。**放任型（自由放任的）**とは，集団行動にリーダーは関与せず，リーダーシップが存在しない場合です。

ここでの結論は，政治的民主主義の浸透とともに，民主的なリーダーシップが，専制的（権威主義的）よりも望ましいとする一般的な考えと並行しています。この議論は，その後の研究に大きな影響を与えました。

リーダーシップ研究の進展と各理論において，行動理論として次節で詳しく説明します。

3.1.3 状況追求的研究（コンティンジェンシー理論）

リーダーシップは，リーダーの役割を演ずる状況の要請によって決まるとする研究です。特性追求型研究と類型追求的研究（行動アプローチ）では，リーダーシップの普遍的な理論を求めすぎたため，行き詰まりを見せました。それに対して，リーダーの個人的特性や行動と，リーダーの置かれた状況との適合性を明らかにしようとする研究が1960年代後半に行われました。**フィードラー**（Fiedler, F. E., 1967）による状況追求的研究です。リーダーの，その場の状況のダイナミックな行動に焦点を合わせた考察です。

リーダーシップ研究の進展と各理論において，**リーダーシップのコンティンジェンシー理論**として次節で詳しく説明します。

3.2 リーダーシップ研究の進展と各理論（行動理論）

1950年代以降，リーダーシップの行動に着目する研究が盛んに行われました。いわゆる，行動アプローチないし行動理論と呼ばれる研究です。

これらの研究に共通することは，リーダーシップには2つの役割があることが明らかになったことです。それは，仕事への指向と，人間関係への指向という，**役割分化（role differentiation）** の考え方です。この2つの指向は，リーダーにとって現実には役割葛藤の関係にあるため，それぞれの役割をもった2人のリーダーの連携によって，組織を望ましい成果に導くことが重要であるという考えに至ったのです。

3.2.1　行動理論①（オハイオ研究）

1950年代，**オハイオ研究（オハイオ州立大学）**として知られるリーダー行動の詳細な記述が試みられました。代表的な研究者に，シャートル（Shartle, C. L., 1956）があげられます。そこでは，リーダー行動の因子分析の結果，2つの主要な次元が明らかになりました。

ひとつは，**配慮**（consideration）で，メンバー相互に生じる緊張やストレスを和らげ解消し，人間関係を友好的に保つように働きかけるような行動であり，もうひとつは，**体制づくり**（initiating structure）で，メンバーのさまざまな関心や行動を，集団目標の達成に向けてひとつの方向に効果的に統合するような行動です。

3.2.2　行動理論②（ミシガン研究）

オハイオ研究とほぼ同じ時期に，**ミシガン研究（ミシガン大学）**が行われました。代表的な研究者に，リッカート（Likert, R., 1961）があげられます。そこでは，高業績を導くリーダー行動を調査し，2つの行動次元が明らかになりました。

ひとつは，**従業員指向**（employee oriented）であり，現場で働いている人に関心を向け，彼らの福利を重視する行動です。もうひとつは，**生産性指向**（production oriented）であり，職場集団がいかに効率を高め生産的であるようにするかに関心を向ける行動です。前者はオハイオ研究の配慮（consideration）次元に，後者は体制づくり（initiating structure）次元に，それぞれ対応しています。

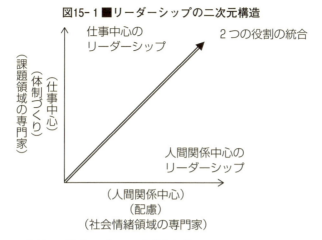

図15-1 ■リーダーシップの二次元構造

出所：田尾［1999］p.172を筆者加筆。

　ミシガン研究とは別に，**ベールズとスレーター**（Bales, R. F. and Slater, P. E., 1955）は，リーダーの役割として**課題領域の専門家**と**社会情緒領域の専門家**を考えました。それぞれ，仕事中心の，オハイオ研究でいえば**体制づくり**と，人間関係中心の，**配慮**に相当します。この2つの専門家の働きは，それぞれ独自の方向に働く役割でもあるので，ひとりの人が同時に果たすことは難しく，要するに，2つの次元は2つの役割を統合するように，**図15-1**のように直交軸でとらえられます。

3.2.3　行動理論③（マネジリアル・グリッド理論）

　ブレーク・ムートン（Blake, R. R. and Mouton. J. S., 1964）は，オハイオ研究とミシガン研究の研究に見られる行動の2側面を図式化しました。**人に対する関心**と，**業績（仕事）に関する関心**からなる，**マネジリアル・グリッド理論**です

　2つの軸である，人間関係への関心と業績・仕事に関する関心が高い，9・9型のリーダーシップが生み出すチームワークに着目しました。そして，9・9型が最も理想的なリーダーシップ型であると主張しました。なお，1・1型は

消極型リーダーシップ，1・9型は人間中心型リーダーシップ，9・1型は仕事中心型リーダーシップ，5・5型は中庸型リーダーシップのそれぞれのスタイルです（図15 - 2）。

図15 - 2 ■マネジリアル・グリッド理論

	1.9 マネジ メント		9.9 マネジ メント
		5.5 マネジ メント	
	1.1 マネジ メント		9.1 マネジ メント

縦軸：人間関係への関心（低→高）
横軸：業績・仕事に関する関心（低→高）

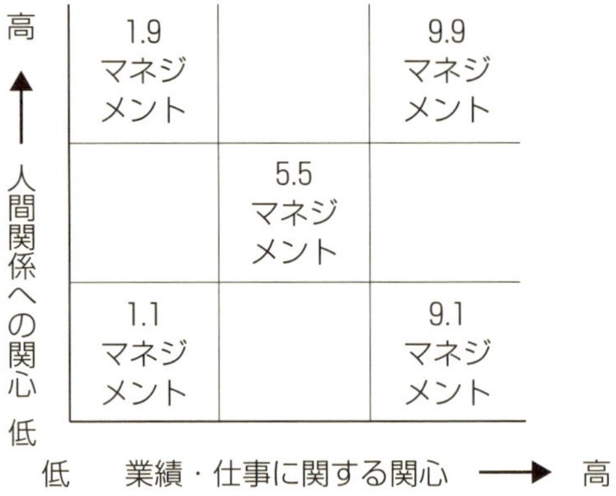

出所：Blake, R. R. and Mouton. J. S. [1964]．

3.2.4 行動理論④（PM理論）

三隅（1978）による**PM理論**も，オハイオ研究，ミシガン研究，マネジリアル・グリッド理論と同じ流れに属します。**Pは業績達成（performance）**，**Mは人間関係の維持（meintenance）**の頭文字に由来しています（図15 - 3）。このPM理論の研究は，集団力学を応用した組織における「事故防止」「安全確保」の実践的研究として，世界的に高い評価を受けています。

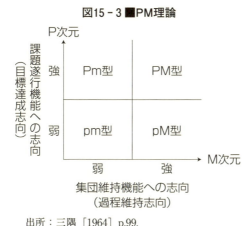

図15-3 ■PM理論

出所：三隅［1964］p.99.

3.3 リーダーシップ研究の進展と各理論（コンティンジェンシー理論）

リーダーシップの研究は，個人特性や能力，資質に関心が向けられ，リーダー行動の2つの役割分化の重要性が指摘されるようになりました。

その後，リーダーの置かれた状況や，フォロワーの個人特性や能力，資質との関係から，状況適合的な仮説が多く提示されるようになりました。役割の適合モデルとも呼べる，リーダーシップのコンティンジェンシー理論です。

3.3.1 コンティンジェンシー理論①（状況適合理論Contingent Theory）

特定のリーダーシップをその行動パターンに求める行動論が主流であったなか，**フィードラー**（Fiedler, F. E., 1967）は，状況に応じてリーダーシップを選択することが有効であると主張しました。

フィードラーは，**①リーダーと部下との信頼関係**，**②仕事（タスク）の構造**，**③リーダーの権限（パワー）の強さ**，の3つの要素を重視しました。そのうえで，リーダーの基本タイプを仕事中心型と人間中心型に分け，3つの要素との組み合わせによって，リーダーシップを記述できると考えました。

次に，リーダーが対人関係に示す寛容さの程度を，LPC（least preferred

coworker）によって測定しました。その結果，次のような，それぞれの有効性が発揮される場面を明らかにしました。

LPCの高い得点は人間中心で，低い得点は仕事中心のリーダーの傾向があります。例えば，リーダーの立場が弱くてタスク構造が複雑で，しかも部下との信頼関係が悪い場合，**仕事中心型リーダー**が成果を上げるということです。その逆の場合も同様仕事中心型リーダーのほうが成果を上げています。リーダーの権限，タスク構造，部下との信頼関係すべてが中程度の状況では，**人間中心型リーダー**のほうが成果を上げています（**図15-4**）。

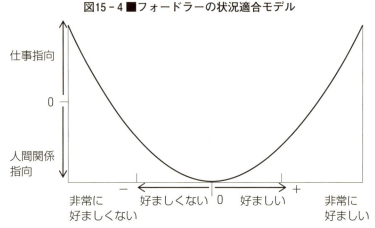

図15-4 ■フォードラーの状況適合モデル

出所：Fiedler, F. E.［1967］（田尾［1999］p.174)

3.3.2 コンティンジェンシー理論②（ＳＬ理論Situational Leadership Theory）

ハーシーとブランチャード（Hersey, P. and Blanchard, K. H., 1969）の考えは，リーダーシップは**フォロワーの成熟の度合い**に応じて変化するということです。つまり，リーダーが部下の状況（能力・意欲）によって変えるリーダーシップ・スタイルであり，S1からS4と部下が成熟していくにつれて，適切なリーダーシップのタイプは推移するというものです。

フォロワーがまだ成熟していない，能力も意欲も低いときには，仕事中心の教示的なリーダーシップ（S1）が望ましく，フォロワーが成熟に向かい，能力と意欲が高くなるにともなって，仕事中心と人間関係中心の，説得的リーダーシップ（S2），から参加的リーダーシップ（S3）へと移行させることが適しています。さらに，フォロワーが成熟の段階に至り，能力も意欲も高まれば，委任的なリーダーシップ（S4）が有効であるという，ライフサイクル・モデルです（**図15-5**）。

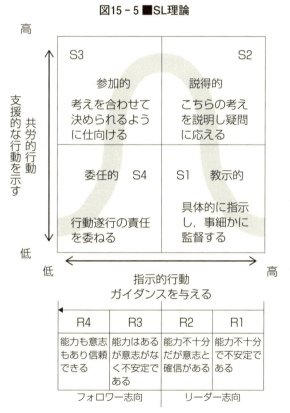

図15-5 ■SL理論

出所：Hersey, P. and Blanchard, K. H. [1977]

3.3.3 コンティンジェンシー理論③（パス・ゴール理論Path-Goal Theory）

部下がうまく目的・成果（ゴール）に到達するために，どのような道（パス）をたどれば良いのかをリーダーが把握し，有効な働きかけをすることが必要であるという考え方です。つまり，**パスの明示化**（**path clarification**）です。パス・ゴールのモデルは，**ハウス**（House, R. J., 1971）や，**ハウスとデスラー**（House, R. J. and Dessler, G., 1974）によって体系化されました。

部下であるフォロワーを目標に向けさせるためには，その目標がフォロワーにとって達成可能であり，達成によって，フォロワーが好ましい成果を得られるという見通しがなければなりません。そのため，リーダーシップ要因としての次の4つのリーダー行動を提示しています。それは，指示的（directive），支持的（supportive），参加的（participative），達成指向的（achievement-oriented）の4つの区分です（**図15-6**）。

図15-6 ■ハウスのパス・ゴール・モデル

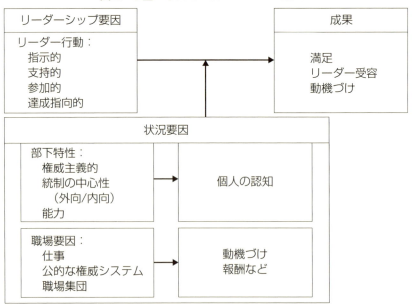

出所：House, R. J. and Mitchell, T. R.［1974］（田尾［1999］p.177）.

この4つのリーダー行動のどれがフォロワーに受け入れられるのかは，部下特性によって，目標をどのように認知するのかと，職場要因の状況によって，目標への動機づけや成果への報酬など複雑に絡み合って決められます。つまり，リーダーシップ要因が成果に結びつくためには，複雑な状況要因から，部下であるフォロワーの特性によって多様です。単純な仮説としてまとめることが困難ですが，フォロワーの視点に立ったリーダーシップの新たな展開は，この**パス・ゴール理論**によって切り開かれました。

3.3.4　コンティンジェンシー理論④（代替性仮説Substitutes Theory）

リーダーシップは，必ずしもリーダーだけが果たす役割ではないという考え方が，**代替性仮説（Substitutes Theory）**です。カーとジャーマイヤー（Kerr, S. and Jermier. J. M., 1978）によれば，組織の制度や構造，仕事の特性などが，リーダーシップの機能に代わって役割を果たすことがあると指摘しています。

科学技術の高度化や，機械化，情報化の発達により，フォロワー特性やタスク特性，それに組織特性も変化してきました。例えば，タスク特性において，構造化されたルーティン作業は，仕事中心のリーダーの代理となり，内発的に満足できるような作業は，人間関係中心のリーダーの代理となります（**図15-7**）。

パス・ゴール理論と代替性仮説から，目標設定と経路のプロセスにおいて，**困難な目標の効果，明確な目標の効果，フィードバックの効果**が明らかになってきました。それは，**目標設定理論（Goal Setting Theory）**とも呼べる，目標による管理制度です。**目標による管理制度（MBO-Management by Objective）**は，ドラッカーら（Drucker, P. F., 1954；Locke, E. A. and Bryan, J. F., 1968；Locke, E. A and Latham, G. P., 1984）が，効果的なマネジメントの方法として提示していた考え方と重なります。

図15-7 ■リーダーシップの代替性仮説

〔フォロワー特性〕　　　　　　　　　　〔リーダーシップへの影響〕
(1) 経験や能力　　　　　　　　──→　仕事中心のリーダー代理
(2) プロフェッショナル指向　　　──→　仕事および人間中心のリーダーの代理
(3) 報酬への無関心　　　　　　　──→　リーダーシップの効果を減衰
　　〔タスク特性〕
(1) 構造化されたルーティン作業　──→　仕事中心のリーダー代理
(2) フィードバック　　　　　　　──→　仕事中心のリーダー代理
(3) 内発的に満足できる作業　　　──→　人間関係中心のリーダーの代理
　　〔組織の特性〕
(1) 凝集的な職場集団　　　　　　──→　仕事および人間中心のリーダーの代理
(2) 低いリーダーの地位パワー　　──→　リーダーシップの効果を減衰
(3) 公式化　　　　　　　　　　　──→　仕事中心のリーダー代理
(4) フォロワーから離れたリーダー ──→　リーダーシップの効果を減衰

出所：Kerr, S. and Jermier. J. M.［1978］（田尾［1999］p.178）．

3.4　リーダーシップ研究の進展と各理論（カリスマ型・変革型）

　リーダーになる人には，リーダーになれない人とは異なる能力や資質があるという，リーダーシップ研究の特性論アプローチがあります。リーダーになれる人に共通に見られる特性には，以下のようなものがありました。
　有能なリーダーは，年上であること，背が高いこと，容姿が優れていること，高学歴であること，出身階層が高いこと，知能指数が高いこと，社交的であることなどの要因です。ところが，いろいろな実証研究の結果，これらの特性は必ずしも当てはまるとは限りませんでした。
　そこで，リーダーシップの行動アプローチによる，役割分化の機能の重要性が示されました。しかし，実際にリーダーになれる人に見られる，特性でもなく行動でもない要因について研究が進められました。たとえば，リーダーになりたいという動機づけがあるかないか，リーダーとしての適性要因は何か，リーダーとしての特性要因を特定することなどの研究です。

このような視点からの研究は、マホネイら（Mahoney, T. A. et al., 1960）やナッシュ（Nash, A. N., 1966）が指摘する見解のように、特性論の再評価でもあり、近年のリーダーシップの議論において、カリスマ的リーダーシップや、変革型リーダーシップの研究が見られます。これらは、企業家機能の研究にもつながっています。

3.4.1　カリスマ的リーダーシップ理論:Theory of Charismatic Leadership

ハウスとバエツ（House, R. J. and Baetz, M. L., 1979）によれば、カリスマ的リーダーシップとは、フォロワーに対して、極めて深く影響力を与えることのできる、個人的に特別な資質をもったリーダーのことであると述べています。自らがカリスマ的リーダーでありたいと望んだとしても、部下にカリスマと認知されない限りなりえません。リーダーは部下が認知して初めてカリスマとなりえます。カリスマになれるリーダーの特質とは、①戦略ビジョンの提示、②リーダー自らリスクを取り部下の規範となる行動を取ること、③現状の正しい評価を行うことです。

ウェーバー（Weber, M., 1922a）は、カリスマ的リーダーシップの存在について既に指摘しています。工業化以前の自然発生的社会では、伝統的権威（traditional authority）もしくはカリスマ的権威（charismatic authority）のいずれかが用いられていたが、工業化とともに合法的権威（rational-legal authority）が用いられるようになったとの指摘です。

3.4.2　変革的リーダーシップ理論:Transformational Leadership

現在、多くの研究者は、カリスマ性よりもリーダーの掲げるビジョンがもっとも重要であると主張する立場を取っています。ビジョンを掲げることは、組織変革が求められているときほど、その重要性が指摘されています。現実とあるべき姿のギャップが大きいときほど、フォロワーはどのような考え方で行動したら良いのかが、見えにくくなるからです。このように、環境変化が激しく、組織の向かうべき方向が見えにくくなる変革期にこそ、リーダーはビジョンを

示してリーダーシップを発揮しなければなりません。

バーンズ（Burns, J. M., 1978）や，**ティシーとディバナ**（Ticy, N. M. and Devanna, M. A., 1986），**コッター**（Kotter, J. P., 1988）などは，**変革型（transformational）リーダーシップ**について述べています。

複雑性が増してくるなかで，組織がさらに発展するために必要とされるのは変革です。変革を永続的に実現するためには，ビジョンを共有して，社員の能力を引き出し，組織学習を促進するリーダーが求められます。フォロワーとの相互依存的な関係や，権威の受容だけでなく，積極的にフォロワーの信念や価値を，自らが望む方向に入れ換えようとします。とくに，複雑性が増す時期には，変革型リーダーの出現が求められます。

4　リーダーシップの機能的側面

4.1　リーダーシップとマネジメント

コッター（Kotter, J. P., 1999）は，リーダーシップとマネジメントの違いを論じています。**リーダーシップ**とは，ビジョンを明示してフォロワーを参画させて変革を推進することです。一方，**マネジメント**とは，計画を立てて推進し，体制づくりと，成果を生み出すために問題解決を行うことです。リーダーシップは，何を行うべきかという目的を追求していくのに対して，マネジメントは，どのように行うのかという方法を追求していくことと説明をしています。また，リーダーシップは，組織への働きかけを個人として，公式組織の外部でも主体性をもつのに対して，マネジメントは，秩序と一貫性をもたらす公式組織の内部で，マネジャーもメンバーも客体として扱われています。

4.2　リーダーシップとフォロワーシップ

リーダーシップの機能として，フォロワーの積極的な支持や参画を得ることです。とくに，環境変化の激しいなかでは，カリスマ的リーダーや変革型リー

ダーのリーダーシップの発揮が，**フォロワーシップ**として大きな影響力をもちます。リーダーシップに比べて，フォロワーシップの研究は多くはありません。

そのなかでも，**ケリー**（Kelley, R., 1992）は，フォロワーの類型を5つに分けて提示しています。第1は，模範的フォロワーで，独自の批判思考をもち，積極的に関与していこうとするフォロワーです。第2は，順応的フォロワーで，積極的関与はしますが，依存的で無批判思考のフォロワーです。第3は，孤立型フォロワーで，独自の批判思考をもちますが，消極的関与のフォロワーです。第4は，消極的フォロワーで，依存的で無批判思考のフォロワーです。第5は，実務型フォロワーで，批判思考でも無批判思考でもなく，積極的関与でも消極的関与でもない，中間に位置するフォロワーです。

組織変革におけるなかで，もっとも望ましいリーダーは，模範的フォロワーの態度と行動を，リーダーシップの機能として含めてとらえることができます。

4.3　リーダーによる次世代リーダーの育成

ティシーとコーエン（Ticy, N. M. and Cohen, E., 1997）は，組織の持続的成長の要因として，リーダーがあらゆる階層に存在し，リーダー自身が次世代リーダーを育てることをあげています。独自の批判思考をもち積極的に関与する，いわゆる模範的フォロワーを育成することでもあります。

リーダーシップ研究における，特性論と行動論から得られた枠組みから，リーダーシップの機能は新たな役割が求められてきています。それは，公式組織の体系的で計画的なリーダーシップの機能だけでは，環境変化に組織は適応できなくなることです。そこで，カリスマ的リーダーないし変革的リーダーが，フォロワーシップの育成を行うことが欠かせません。また，公式組織を越えた動態的で創発的なリーダーシップの機能を果たすことも重要です。そこでは，リーダーとフォロワーの理念やビジョンの提示と共有による，相互作用を促進する組織形態をいかに創りあげるかが問われています。

5　組織のオーソリティー（権威）と組織のパワー（権力）

サイモン（Simon, H. A., 1997）によれば，意思決定における**オーソリティー（権威）**を，官僚制のように個人の自主性と自律性を奪う強制的な力ではとらえていません。組織メンバーが自発的に，オーソリティーを受容するものととらえており，バーナードの権威を受容する，権威受容説と共通する考え方としてとらえています。

オーソリティーは，組織目的の解釈の段階で，組織メンバー間で異なった認識から異なった理解が生じた場合に，最終的な決定を下す権限のことであり，組織メンバーの判断に秩序と一貫性を与えるのです。組織メンバーが，組織目的にコミットメントするプロセスで，コンフリクトが生じるときに重要な機能を果たします。したがって，リーダーシップをフォロワーシップと一体化してとらえることが示唆されます。

パワー（権力）は，常に行為者間の関係という文脈において見られるものです。階層による公式組織の上位者の権限は，個人のパワー（権力）のひとつに過ぎません。パワーには，カリスマ的な個人のパーソナリティ，専門能力，一貫性，正当性，希少かつ重要な物的資源，強制力，制裁力などがあります。個人のパワーのなかで，相手が影響力を無条件に受容する，準拠パワーも強力なパワーです。また，組織間のパワー関係は，資源を多く有する組織のほうが，少ししか有していない組織よりもパワーをもつことになります。少ししか有していない組織は，自ずと制約要因が多くなります。**フェッファーとサランシック**（Pfeffer, J. and Salancik, G. R., 1978）の**資源依存モデル**では，組織のこうした制約要因をコントロール（統制）する方法は4つあると指摘しています。第1は，制約要因に適応するか，またそれを変化させることです。第2は，合併，多角化，または成長によって相互依存関係を変化させることです。第3は，他組織との提携戦略などで，外部環境を自組織に都合の良いものにすることです。第4は，政治的な活動によって，外部環境の法律や制度に正当性を与える

ことです。

　さらに，複雑な状況下において，フェッファー（Pfeffer, J., 1981）は，パワー（権力）関係の力学にとって，言語や儀式，雰囲気づくり，感情的な訴えなど，その他のシンボルも重要であることを指摘しています。そして，**組織のコントロール（統制）理論**として議論が展開されていきます。

　このように，リーダーシップとフォロワーシップの理論は，組織のオーソリティー（権威）と組織のパワー（権力）の研究とつながっています。つまり，ミクロ組織論とマクロ組織論を統合するアプローチです。

■章末問題■

1. 組織研究の系譜で，伝統的理論の合理性の追求と人間性の追求で得られた2つの軸と，リーダーシップ行動理論の2つの軸の関係について調べてください。
2. リーダーシップ研究が1950年代，オハイオ州やミシガン州の大学や研究機関で進展した理由はなぜでしょうか。当時のアメリカの産業発展と合わせて調べてください。
3. フィードラーの状況適応理論と，ハーシーとブランチャードのSL理論の相違点を整理してください。
4. 上司の権威が部下に受容されるためには，上司にはどのような役割機能が求められるでしょうか。経営や仕事に対する哲学や道徳の観点から考えてください。
5. リーダーシップとフォロワーシップの関係性について，それらの定義を整理し，さらに，リーダーシップ理論の研究の系譜と照らし合わせて考えてください。
6. コッターが指摘した，リーダーシップとマネジメントの違いは何かを整理したうえで，変革型リーダーに求められる機能について考えてください。

さらに理解を深めるための参考文献

- 二村敏子編著［2004］『現代ミクロ組織論－その発展と課題』有斐閣.
- 金井壽宏［2005］『リーダーシップ入門』日本経済新聞社.
- コッター, J. P. 著,黒田由貴子訳［1999］『リーダーシップ論－いま何をすべきか』ダイヤモンド社.
- 田尾雅夫［1999］『組織の心理学〔新版〕』有斐閣.

あとがき

　組織理論の研究系譜を，マクロ組織論とミクロ組織論から体系的に整理しました。外部環境の不確実性削減，組織境界の拡大と組織間関係，内部組織の多義性の削減，組織変革と組織の持続性の解明へのアプローチです。それは，環境，社会，組織，集団，人間の各レベルの問題を検討することです。各レベル間の関係性と相互作用に着目し，組織現象や組織活動を時間展開のなかで観察することが重要です。しかし，どのようなパースペクティブで組織研究するかによって，分析結果が異なります。

　ハッチらの組織論では，理論的と規範的の2つのパースペクティブを前史と位置づけたうえで，主に3つのパースペクティブで組織研究の系譜を整理しています。第1のモダン・パースペクティブでは，現実は既に存在している唯一のものであり，組織を管理できるものであるととらえています。このパースペクティブは，第3章の合理性と人間性の追求の研究アプローチがあてはまります。第2のシンボリック・パースペクティブでは，現実は社会的に構築された多様なものであり，組織を解釈し理解するものであるととらえています。このパースペクティブは，第4章の協働システムの追求と，第5章の意思決定システムの追求の研究アプローチがあてはまります。第3のポストモダン・パースペクティブでは，現実とは常に変動していて多数あるものであり，組織を多様に認識するものであるととらえています。このパースペクティブは，第6章の状況適応システムの追求，第7章の組織化システムの追求，第8章の組織の戦略性の追求，そして，第9章の組織の創発性の追求の研究アプローチがあてはまります。

　組織の存続と成長の基盤には，伝統的で前史に位置づけられた理論的と規範的の2つのパースペクティブを取り入れた設計が欠かせません。組織研究は，人間個人と人間集団の活動が原点になります。そのうえで，3つのパースペク

ティブから，それぞれの理論や組織現象を分析する視点が重要です。それは，マクロとミクロの組織論を統合し融合する視点です。

　このように組織研究は，ミクロの視点から人間と人間，人間と集団，そして人間と組織の関係を考察することです。そのうえで，マクロの視点から組織と組織，組織と社会，そして組織と環境の関係を解明することです。そこでは，人間の多様な価値観を尊重し，開かれた組織をどのように設計し構築し修正していくのかという活動を考察する研究です。開かれた組織と開かれた社会の未来の関係を創りあげる，果てしない探究が求められます。

【参考文献】

Abegglen, J. C. [1958] *The Japanese Factory: Aspects of its Social Organization*, Glencoe, Ill: Free Press. (占部都美監訳 [1958]『日本の経営』ダイヤモンド社)

Abegglen, J. C. [2006] *21st Century Japanese Management: New Systems, Lasting Values*, Basingstoke: Palgrave Macmillan. (山岡洋一訳 [2004]『新・日本の経営』日本経済新聞社)

Alderfer, C. P. [1969] An empirical test of a new theory of human needs. *Organizational Behavior and Human Performance*, 4, pp.142-175.

Alderfer, C. P. [1972] *Existence, Relatedness, and Growth*, New York: Free Press.

安藤史江 [2001]『組織学習と組織内地図』白桃書房.

Aldrich, H. E. [1999] *Organizations Evolving*. Sage Publications of London, Thousand Oaks and New Delhi. (若林直樹・高瀬武典・岸田民樹・坂野友昭・稲垣京輔訳 [2007]『組織進化論 – 企業のライフサイクルを探る – 』東洋経済新報社)

Ansoff, H. I. [1965] *Corporate Strategy: An Analytic Approach to Business Policy for Growth and Expansion*, McGraw-Hill (広田寿亮訳 [1969]『企業戦略論』産業能率短期大学出版部)

Ansoff, H. I. [1979] *Strategic Management*. Palgrave Macmillan UK. (中村元一訳 [2015]『アンゾフ戦略経営論〔新訳〕』中央経済社)

Argyris, C. and Schon, D. A. [1978] *Organizational Learning: A Theory of Action Perspective*, Addison-Wesley, Reading, Mass.

Ashforth, B. E. [1985] Climate Formation: Issues and Extensions. *Academy of Management Review*, 4.

Bales, R. F. and Slater, P. E. [1955] Role differentiation in small decision-making groups. In Parsons, T. et al. (eds.) *Family, Socialization and Interaction Process*. New York: Free Press.

Barnard, C. I. [1938] *The Functions of the Executive*. Harvard University Press. (山本安次郎・田杉競・飯野春樹訳 [1968]『経営者の役割』ダイヤモンド社)

Barny, J. B. [1986] Organizational culture:Can it be a source of sustained competitive advantage? *Academy of Manegement Review*, 11, pp.656-665.

Barny, J. B. [1996] The resource-based theory of the firm. *Organization Science*, 7, p.469.

Barny, J. B. [2002] *Gaining and sustaining competitive advantage* (2nd ed.) Upper Saddle River, NJ:Prentice-Hall. (岡田正大訳 [2003]『企業戦略論』(上) (中) (下), ダイヤモンド社)

Becker, H. S. [1960] Notes on the Concept of Commitment, *American Journal of Sociology*, 66.

Bergman, M. E. [2006] The relationship between affective and normative commitment:Review and research agenda. *Journal of Organizational Behavior*, 27(5), pp. 645-663.

Blake, R. R. and Mouton. J. S. [1964] *The Managerial Grid*. Houston, Texas: Gulf. (上野一郎訳 [1969]『期待される管理者像』産業能率短期大学出版部)

Brown, S. L and Eisenhardt, K. M. [1997] The Art of Continuous Change: Linking Complexity Theory and Time-Placed Evolution in Relentlessly Shifting Organizations. *Administrative Science Quarterly*, 42.

Burke, R. J. [1990] Methods of Resolving Superior-subordinate Conflict:The Constructive Use of Subordinate Differences and Disagreements,*Organizational Behavior and Human Performance*, 5.

Burns, J. M. [1978] *Leadership*. New York:Harper & Row.

Burns, T. and Stalker, G. M. [1961] *The Management of Innovation*, Tavi stock.

Cambell, D. [1969] Variation and selective retention in socio-cultural evolution. *General Systems*, 14. pp.69-85.

Chandler, A. D. Jr. [1962] *Strategy and Structure*, The M. I. T. Press.（三菱経済研究所訳 [1967]『経営戦略と組織』実業之日本社）

Collis, D. J. and Montgomery, C. A. [1997] *Corporate strategy. A resource-based approach*. 2nd ed. Boston:McGraw-Hill/Irwin.（根来龍之・蛭田啓・久保亮一訳 [2004]『資源ベースの経営戦略論』東洋経済新報社）

Cooper-Hakim, A. and Viswesvaran, C. [2005] The construct of work commitment:Testing an integrative framework. *Psychological Bulletin*, 131, pp.241-259.

Cyert, R. N. and March, J. G. [1963] *A Behavioral Theory of the Firm*, Prentice-Hall., Englewood Cliffs, New Jersey.（松田武彦・井上恒夫訳 [1967]『企業の行動理論』ダイヤモンド社）

Daft, R. L. [1978] A dual-core model of organizational innovation. *Academy of Management Journal*, 21, pp.193-210.

Daft, R. L. and Weick, K. E. [1984] Toward a model of organizations as interpretation systems, *Academy of Management Review*, 9, pp.284-295.

Daft, R. L. and Steers, R. M. [1986] *Organizations:A micro/macro approach*. Scott, Foresman, Glenview, IL.

Daft, R. L. [2001] *Essentials of Organization Theory and Design*, South-Western College Publishing, a division of Thompon Learning, pp.166-170.（高木晴夫訳 [2002]『組織の経営学』ダイヤモンド社）

Deal, T. E. and Kennedy, A. A. [1982] *Corporate Cultures*, Addison-Wesley Publishing Company, Inc.（城山三郎 [1983]『シンボリック・マネジャー』新潮社）

Deci, E. L. [1972] The Effects of Contingent and Noncontingent Rewards and Controls on Intrinsic Motivation. *Organizational Behavior and Human Performance*, 8.

Deci, E. L. [1975] *Intrinsic motivaton*. Plenum Press.（安藤延男・石田梅男訳『内発的動機づけ－実験社会心理学的アプローチ』誠信書房，1980年）

Deci, E. L. [1980] *The psychology of self-determination*. Lexington, MA：D. C. Heath.

Drucker, P. F. [1954] *The Practice of Management*, Harper & Brothers Publishers.（野田一夫監修・現代経営研究会訳 [1968]『現代の経営（上・下）』ダイヤモンド社）

遠田雄志 [2001]『ポストモダン経営学』文眞堂.

Etzioni, A. [1961] *A comparative analysis of complex organizations*. New York：The Free Press.

Etzioni, A. (eds.) [1969] *The Semi-professions and Their Organization*. New York：Free Press.

Fayol, J. H. [1917] *Administration Industrielle et Générale*, Paris：Dunod & Piant.（山本安次郎訳 [1985]『産業ならびに一般の管理』ダイヤモンド社）

Fiedler, F. E. [1967] *A Theory of Leadership Effectiveness*. New York：McGraw-Hill.

Follett, M. P. [1941] *Dynamic Administration*, Pitman.（米田清貴・三戸公訳 [1972]『組織行動の原理』未来社）

Foote, N. [1951] Identification as the basis for a theory of Motivation, *American Sociological Review*, 16.

Ford, H. and Crowther, S. [1988] *Today and Tomorrow*, Cambridge, Mass. USA：Productivity Press.（竹村健一訳 [2002]『藁のハンドル』中央公論新社）

藤田誠 [2007]『企業評価の組織論的研究－経営資源と組織能力の測定』中央経済社.

藤田誠 [2011]『スタンダード経営学』中央経済社.

藤田誠 [2014]『ベーシック＋（プラス）経営学入門』中央経済社.

二村敏子編著 [2004]『現代ミクロ組織論－その発展と課題』有斐閣.

Galbraith, J. [1973] *Designing Complex Organizations*, Addison-Wesley.（梅津祐良訳 [1990]『組織横断の設計』ダイヤモンド社）

Galbraith, J. R. [1993] The Value-Adding Corporation:Matching Structure with Strategy. In Galbraith, J. R., Lawler, E. E. Ⅲ, and Assciates (eds.), *Organizing for the Future*:The New Logic for Managing Complex Organizations, pp.15-42. San Francisco, Jossey-Bass. (柴田高・竹田昌弘・柴田道子・中條尚子訳『21世紀企業の組織デザイン』産能大学出版部)

Goldratt, E. M. and Cox, J. [1992] *The Goal : A Process of Ongoing Improvement*. Second Rev. Ed., North River Press Publishing Corporation, Great Barrington, MA. (三本木亮訳 [2001]『ザ・ゴール－企業の究極の目的とは何か』ダイヤモンド社)

Goodman, P. S. and Friedman, A. [1971] An examination of Adams' theory of inequity. *Administrative Science Quarterly*, 16, pp.271-288.

Gouldner,A,W. [1957] Cosmopolitans and locals:toward an analysis of latent social roles-Ⅰ. *Administrative Science Quarterly*, 1, pp.281-306.

Grant, R. M. [1991] The Resource-Based Theory of Competitive Advantage. Implications for Strategy Formulation. *California Management Review*, Vol.33, No.3. pp.114-135.

Greiner, L. E. [1972] Evolution and Revolution as Organization Grow. *Harvard Business Review*, 50. July-August, pp.33-46.

Hackman, J. R. and Porter, L. W. [1968] Expectancy theory predictions of work effectiveness. *Organizational Behavior and Human Performance*, 3, pp.417-426.

Hannan, M, T. and Freeman, J. [1977] The population ecology of organizations, *American Journal of Sociology*, Vol.82, pp.929-964.

Hannan, M, T. and Freeman, J. [1989] *Organizational ecology*. Cambridge, MA:Harvard University Press.

Hatch, M. J. with Cunliff, A. L. [2013] *Organization Theory:Modern, Symbolic And Postmodern Perspectives*, Third Edition. Oxford University Press. (大月博司・日野健太・山口義昭訳 [2017]『Hatch組織論－3つの

パースペクティブ』同文舘出版）

Hedberg, Bo. L. T. [1981] How organizations learn and unlearn, in Nystrom & Starbuck, W.H. (eds.), *Handbook of Organizational Design*, Vol.1, New York: Oxford University Press, pp.3-27.

Helfat, C. E., Finkelstein, S., Mitchell, W., Peteraf, M. A., Singh, H., Teece, D. J., and Winter, S. G. [2007] *Dynamic Copabilities : Understanding Strategic Change in Organizations*. Oxford: Blackwell.（谷口和弘・蜂巣旭・川西章弘訳［2010］『ダイナミック・ケイパビリティ－組織の戦略変化』勁草書房）

Hersey, P., and Blanchard, K.H. [1969] *Management of Organization Behavior: Utilizing human resources*. Englewood Cliffs, NJ: Prentice-Hall.

Hersey, P. and Blanchard, K.H. [1977] *Management of Organizational Behavior: Utilizing Human Resources,* 3rd. Englewood Cliffs, NJ: Prentice-Hall.（山本成二他訳『行動科学の展開』日本生産性本部,, 1978年；ただし原書3版）

Herzberg, F., Mousner, B. and Snyderman, B. B. [1959] *The Motivation to Work*. New York: Wiley.

House, R. J. [1971] A path-goal theory of leadership effectiveness. *Administrative Science Quarterly*, 16, pp.321-338.

House, R. J. and Baetz, M. L. [1979] Leadership: Some empirical generalizations and new research directions. *Research in Organizational Behavior*, 1, pp.341-423.

House, R. J. and Dessler, G. [1974] The path-goal theory of leadership: Some post hoc and a priori tests. In J. G. Hunt & Larson. L. L. (eds.). *Contingency Approachs to Leadership*. Carbondale, IL: Southern Illinois University Press.

House, R. J. and Mitchell, T. R. [1974] Path-goal theory of leadership. *Journal of Contemporary Business*, 3. pp.81-97.

Huber, G. P. [1991] Organizational Learning: The Contributing Processes and the Literatures, *Organization Science*, 2.

犬塚正智編著［2014］『経営学ベーシックスプラス』同文舘出版.

石井淳蔵・奥村昭博・加護野忠男・野中郁次郎［1996］『経営戦略論』（新装）有斐閣.

伊丹敬之・加護野忠男［2003］『ゼミナール経営学入門』日本経済新聞社.

James, L. R. and Jones, A. P. [1976] Organizational Structure: A Review of Structural Dimensions and Their Conceptual Relationships with Individual Attitudes and Behavior, *Organizational Behavior and Human Performance*, 16.

Johnson, G., Langley, A., Melin, L. and Whittington, R. [2007] *Strategy as Practice: Research Directions and Resources*, Cambridge: Cambridge University Press.（高橋正泰・宇田川元一・高井俊次・間嶋崇・歌代豊訳［2010］『実践としての戦略：新たなパースペクティブの展開』文眞堂）

加護野忠男［1988］『組織認識論—企業における創造と革新の研究』千倉書房.

金井壽宏［1999］『経営組織』日本経済新聞社.

金井壽宏［2005］『リーダーシップ入門』日本経済新聞社.

経営学史学会［2002］『経営学史辞典』文眞堂.

経営学史学会監修・藤井一弘編著［2011］『バーナード』文眞堂.

経営学史学会監修・吉原正彦編著［2013］『メイヨー＝レスリスバーガー　人間関係論』文眞堂.

Kelley, R [1992] *The power of followership: how to create leaders people want to follow, and followers who lead themselves.* New York: Doubleday/Currency.（牧野昇監訳［1993］『指導力革命－リーダーシップからフォロワーシップへ』プレジデント社, p.99.）

Kerr, S. and Jermier, J. M. [1978] Substitutes for Leadership: The Meaning and Measurement, *Organizational Behavior and Human Performance*, 22.

岸田民樹［1985］『経営組織と環境適応』三嶺書房.

岸田民樹・田中政光［2009］『経営学説史』有斐閣.

岸田民樹編著［2009］『組織論から組織学へ－経営組織論の新展開』文眞堂.

岸田民樹編著［2014］『組織学への道』文眞堂.

北野利信［1977］『経営学説入門』有斐閣新書.

Kotter, J. P.［1999］*On What Leaders Really Do*, Harvard Business School Press.（黒田由貴子訳［1999］『リーダーシップ論―いま何をすべきか』ダイヤモンド社）

Kotter, J. P.［1988］*The Leadership Factor*. Free Press.

Kotter, J. P.［1996］*Leading Change*. Harvard Business School Press.（梅津祐良訳［2002］『企業変革力』日経BP社）

桑田耕太郎・田尾雅夫［1998］『組織論』有斐閣.

Lawler, E. E.［1971］*Pay and Organizational Effectiveness：A Psychological View*. New York：McGraw-Hill.（安藤瑞夫訳［1972］『給与と組織効率』ダイヤモンド社）

Lawrence, P. R. and Lorsch, J. W.［1967］*Organizational and Environment*: *Managing Differentiation and Integration*, Harvard Business School Press. （吉田博訳［1977］『組織の条件適応理論』産業能率短期大学出版部）

Levitt, B. and March, J, G.［1988］Organizational learning. *Annual Review of Sociology*, 14. pp.319-340.

Lewin, K., Lippit, R. and White, R. K.［1939］Patterns of aggressive behavior in experimentally created social climates. *Journal of Social Psychology*, 10, pp.271-301.

Lewin, K.［1947］Frontiers in group dynamics. *Human Relations*, 1, pp.5-41.

Lewin, K.［1951］*Field Theory in Social Science*. New York：Harper & Brothers.（猪股佐登留訳［1962］『社会科学における場の理論』誠信書房）

Likert, R.［1961］*New Patterns of Management*. New York：McGraw-Hill.（三隅二不二訳［1964］『経営の行動科学：新しいマネジメントの探求』ダイヤモンド社）

Lippitt, G. L and Schmidt, W.H.［1967］W. H. Crises in Developing Organization. *Harvard Business Review* 45. November-December. pp.102-112.

Litwin, G. and Stringer, R. [1968] *Motivation and Organizational Climate*, Harvard University Press.（占部都美監訳『組織風土』白桃書房，1971年）

Locke, E. A. and Bryan, J. F. [1968] Goal setting as a determinant of the effects of knowledge of score on performance. *American Journal of Psychology*, 81, pp.398-406.

Locke, E. A and Latham, G. P. [1984] *Goal-setting：A motivational technique that works*. Englewood Cliffs, NJ：Prentice-Hall.

Luthans, F. and White, D. D. Jr. [1971] Behavior Modification：Application to Manpower Management, *Personnel Administration*, 34.

Mael, F. A. and Ashforthe, B. E. [1995] Loyal from Day One：Biodata, Organizational Identification, and Turnover among Newcomers, *Personnel Psychology*, 48.

Mahoney, T. A., Jerdee, T. H. and Nash, A. N. [1960] Predicting managerial effectiveness. *Personnel Psychology*, 13, pp.147-163.

March, J. G. and Simon, H. A. [1958] *Organizations*. John Wiley & Sons Limited..（高橋伸夫訳［2014］『オーガニゼーションズ（第2版）』ダイヤモンド社）

March, J. G. and Olsen, J. P. [1976] *Ambiguity and Choice in Organization*. Bergen, Norway：Universitetsforlaget.（土屋守章・遠田雄志訳［1992］『あいまいマネジメント』日刊工業新聞社）

March, J. G. [1991] Exploration and Exploitation in Organizational Learning, *Organization Science*, Vol.2, No.1, February 1991, pp.71-87.

March, J. G. [1996] Exploration and exploitation in organizational learning, in Choen, M. D. and Sproull, L. S. ed., *Organizational Learning*, SAGE.

Maslow, A. H. [1943] A theory of human motivation. *Psychological Review*, 50, pp.370-396.

Maslow, A. H. [1954] *Motivation and Personality*. (2nd ed.). New York：

Harper & Row.(小口忠彦訳[1971]『人間性の心理学』産業能率大学出版部)

Maslow, A. H. [1987] *Motivation and Personality*. (3rd ed.). New York: Harper & Row.

Mayo, E. [1933] *The Human Problems of an Industrial Civilization*, New York, NY: The Viking Press, Inc.(村本栄一訳[1967]『新訳　産業文明における人間問題』日本能率協会)

Mayo, E. [1945] *The Social Problems of an Industrial Civilization*, Harvard School of Business Administration.(藤田敬三・名和統一訳[1951]『アメリカ文明と労働』有斐閣)

McClelland, D. C. [1961] *The Achieving Society*. New York: Nostrand.

McGregor, D. [1960] *The human side of enterprise*. McGraw-Hill Inc., New York.(高橋達男訳[1966]『企業の人間的側面』産業能率短期大学出版部)

Meyer, J. W. and Rowan, B. [1977] Institutionalized Organizations: Formal Structure as Myth and Ceremony, *American Journal of Sociology*, Vol.83.

Meyer, A. D. [1982] Adapting to environmental jolts, *Adninistrative Science Quarterly*, 27, pp.515-537.

Meyer, J. P. and Allen, N. J. [1991] A three-component conceptualization of organizational commitment. *Human Resource Management Review*, 1. pp.61-89.

Meyer, J. P. and Allen, N. J. [1997] *Commitment in the workplace: Theory, research and application*. Thousand Oaks, CA: Sage.

Miles, R. E. and Snow, C. C. [1978] *Organizational Strategy, Structure, and Process*, McGraw-Hill.(土屋守章・内野崇・中野工訳[1983]『戦略型経営』ダイヤモンド社)

Mintzberg, H. [1973] *The Nature of Managerial Work*, Harper and Row; Prentice-Hall.(奥村哲史・須貝栄訳『マネジャーの仕事』白桃書房，1993年)

Mintzberg, H. [1987] The strategy concept I: Five ps for strategy. In Mintzberg, H. [1989] *Mintzberg on Management: Inside Our Strategic World of Organization*, Free Press.（北野利信訳『人間感覚のマネジメント』ダイヤモンド社）

Mintzberg, H. [1994] *The Rise and Fall of Strategic Planning: Reconceiving Roles for Planning, Plans, Planners*. New York: Free Press.（崔大龍・中村元一・黒田哲彦・小高照男訳［1997］『戦略計画－創造的破壊の時代』産業能率大学出版部）

Mintzberg, H. [2009] *Managing*, Berrett-Koehler Publishers.（池村千秋訳［2011］『マネジャーの実像―「管理者」はなぜ仕事に追われているのか』日経BP社）

Mintzberg, H., Ahlstrand, B., and Lampel, J. [1998] *Strategy Safari: A Guided Tour through the Wilds of Strategic Management*, Free Press.（斎藤嘉則監訳［1999］『戦略サファリ』東洋経済新報社）

三隅二不二［1964］「教育と産業におけるリーダーシップの構造機能に関する研究」『教育心理学年報』4, pp.83-106.

三隅二不二［1978］『リーダーシップ行動の科学』有斐閣.

Morrow, P.C. [1993] *The Theory and Measurement of Work Commitment*, JAI, Greenwich, CT.

Mowday, R. T. [1979] Equity theory prediction of Behavior in organizations, In R. M. Steers and Porter, L. M. eds. *Motivation and Work Behavior*, 2nd ed. New York: McGraw-Hill.

Mowday, R. T. and Porter, L. W. and Steers, R. M. [1982] *Organizational linkages: The psychology of commitment, absenteeism, and turnover*. San Diego, CA: Academic Press.

Mowday, R. T. and Steers, R. M. and Porter, L. W. [1979] The measurement of organizational commitment. *Journal of Vocational Behavior*, 14, pp.244-247.

村田晴夫（1984）『管理の哲学』文眞堂.

Nadler, D. and Tushman, M. L. [1988] *Strategic organization design: Concepts, tools & processes*. Scott Foresman & Co.

Nadler, D. A. and Shaw, R. B. [1995] *Transformational leadership*. In Nadler, D. A., Shaw, R. B. and Walton, A. E. (Eds). *Discontinuous Change: Leading Organizational Transformation*. Jossey-Bass Inc.（斎藤彰悟監訳・平野和子訳［1997］『不連続の組織－ゼロベースから競争優位を創造するノウハウ－』ダイヤモンド社）

Nadler, D. A. and Tushman, M. L. [1989] Organizational framebending: Principles for managing reorientation. *Academy of Managemnt Executive*, 3, pp.194-204.

Nadler, D. A. and Tushman, M. L. [1995a] Types of organizational change: From incremental improvement to discontinuous transformation. In Nadler, D. A., Shaw, R. B., Walton, A. E. & Associates (Eds) (1995) *Discontinuous Change: Leading Organizational Transformation*. San Francisco, CA: Jossey-Bass.

Nadler, D. A., and Tushman, M. L. [1995b] The challenge of discontinuous change. In Nadler, D. A., Shaw, R. B., Walton, A. E. & Associates (Eds). *Discontinuous Change: Leading Organizational Transformation*. San Francisco, CA: Jossey-Bass.

Nadler, D. A. and Tushman, M. L. [1997] *Competing by Design: The Power of Organizational Architecture*. New York: Oxford University Press.

Nash, A. N. [1966] Development of an SVIB key for selecting managers. *Journal of Applied Psychology*, 50, pp.250-254.

Nelson, R. R. and Winter, S. G. [1982] *An Evolutionary Theory of Economic Change*, Harvard University Press.（後藤晃・角南篤・田中辰夫訳［2007］『経済変動の進化理論』慶應義塾大学出版会）

Nonaka, I. and Takeuchi, H. [1995] *The Knowledge-Creating Company:*

How Japanese Company Create the Dynamics of Innovation, Oxford, Oxford University Press.（梅本勝博訳［1996］『知識創造企業』東洋経済新報社）

野中郁次郎［1985］『企業進化論―情報創造のマネジメント』日本経済新聞社.

野中郁次郎・紺野登［2003］『知識創造の方法論－ナレッジワーカーの作法』東洋経済新報社.

野中郁次郎・志村則彰・沼上幹［1993］「新しい商品カテゴリーを求めて（経営フォーラム）」『ビジネス・レビュー』（41）1, pp.61-69.

沼上幹［2004］『組織デザイン』日本経済新聞社.

Odiorne, G. S.［1965］*Management by Objectives: A System of Managerial Leadership*. Fearon-Pitman Publishing; 1st edition.（広田寿亮訳［1967］『目標管理システム－新しいリーダーシップの体系』産業能率短期大学出版部）

大平浩二編著［2016］『ステークホルダーの経営学－開かれた社会と持続可能な企業（第2版）』中央経済社.

太田肇［2011］『承認とモチベーション－実証されたその効果』同文舘出版.

大月博司［2005］『組織変革のパラドックス（改訂版）』同文舘出版.

大月博司・藤田誠・奥村哲史［2001］『組織のイメージと理論』創成社.

大月博司・高橋正泰［2003］『経営組織』学文社.

Peters, T. J, and Waterman, R. H. Jr.［1982］*In Search of Excellence*, Harper & Row.（大前研一訳［1983］『エクセレント・カンパニー』講談社）

Pfeffer, J.［1981］Management as symbolic action; The creation and maintenance of organizational paradigms. In Staw, B. M. and Cummings, L. (eds.), *Research in Organizational Behavior*, Greenwich, CT: JAI Press, 3, pp.1-52.

Pfeffer, J. and Salancik, G. R.［1978］*The External Control of Organizations: A Resource Dependency Perspective*, New York, NY: Haper & Row.

Polanyi, M.［1958］*Personal Knowledge: Towards a Post-Critical Philosophy*, Chicago University Press.（長尾史郎訳［1985］『個人的知識 - 脱批判哲学を目指して』ハーベスト社）

Pondy, L. R.［1967］Organizational Conflict: Concepts and Models, *Adminis-*

trative Science Quarterly, 12

Pondy, L. R. and Mitroff, I. I. [1979] Beyond Open System Models of Organization, *Research in Organizational Behavior*, JAI Press, Vol.1.

Porter, L. M., Steers, R. M., Mowday, R. T., and Boulian, P. V. [1974] Organizational commitment, job satisfaction, and turnover amang psychiatric technicians. *Journal of Applied Psychology*, 59, pp.603-609.

Porter, M. E. [1980] *Competitive Strategy*, The Free Press.（土岐坤・中辻萬治・服部照夫訳［1994］『競争の戦略』ダイヤモンド社）

Porter, M. E. [1985] *Competitive Advantage*. New York：Free Press.（土岐坤・中辻萬治・小野寺武夫訳［1994］『競争優位の戦略』ダイヤモンド社）

Porter, M. E. [1998] *On Competition, Boston*：Harvard Business School.

Pugh, D. S. and Hickson, D, J. [2000] *Great Writers on Organizations*. The Second Omnibus Edition.（北野利信訳［2002］『現代組織学説の偉人たち』有斐閣）

Quinn, R. E. [1966] *Deep Change*. San Francisco, CA：Jossey-Bass.

Quinn, R. E. and Cameron, K. [1983] Organizational Life Cycles and Shifting Criteria of Effectiveness. *Management Science* 29. pp.33-51.

Robbins, S. P. [1974] *Managing Organizational Conflict：A Nontraditional Approach*, Prentice-Hall.

Robbins, S, P. [1984] *Essentials of Organizational Behavior*, 5th Edition. Prentice-Hall, Inc.（髙木晴夫監訳［1997］『組織行動のマネジメント』ダイヤモンド社）

Roethlisberger, F. J. [1941] *Management and Morale*, Cambridge, MA：Harvard University Press.（野田一夫・川村欣也訳［1957］『経営と勤労意欲』ダイヤモンド社）

Roethlisberger, F. J. and Dickson, W. J. [1939] *Management and the Worker*, Harvard University Press.

Salancik, G. R. [1977] Commitment and the Control of Organizational Behavior and Belief, in Staw, B. M. and Salancik, G. R. eds., *New Directions in Organizational Behavior,* St. Clair Press.

Salancik, G. R. and Pfeffer, J. [1977] An examination of need-satisfaction models of job attitudes. *Administrative Science Quarterly*, 22, pp.427-456.

Schein, E. H. [1978] *Career Dynamics : Matching Individual and Organizational Needs.* Reading, MA. （二村敏子・三善勝代訳 [1991]『キャリア・ダイナミックス』白桃書房）

Schein, E. H. [1985] *Organizational Culture and Leadership*, Jossey-Bass.（梅津裕良・横山哲夫訳 [2012]『組織文化とリーダーシップ』白桃書房）

Schein, E. H. [1999] *The Corporate Culture Survival Guide.* 1st Edition Jossey-Bass（金井壽宏・尾川丈一・片山佳代子訳 [2004]『企業文化』白桃書房）

Schleh, E. C. [1955] *Successful Executive Action : A Practical Course in Getting Executive Results*（岩井主蔵訳・増田米治監修 [1963]『経営者の実行原理』日本生産性本部）

Schleh, E. C. [1961] *Management by results : the dynamics of profitable management.* New York : McGraw-Hill.（上野一郎訳 [1963]『結果のわりつけによる経営－リザルツマネジメント』池田書店）

Schmidt, W. H. [1974] Conflict : A Powerfull Process for（Good or Bad）Change, *Management Review*, 63 December. pp.4-10.

Scott, B. R. [1973] The Industrial State : Old Myths and New Realities, *Harvard Business Review* 45. March-April. pp.133-148.

Scott, W. R. [1995] *Institution and Organization*, Sage Publications, Inc. Thousand Oaks, U.S.A. London, U.K. New Delhi, INDIA.（河野昭三・板橋慶明訳 [1998]『制度と組織』税務経理協会）

Selznick, P. [1957] *Leadership in Administration : A Sociological Interpretation.* New York : Harper & Row.（北野利信訳 [1975]『組織とリーダーシップ』ダイヤモンド社）

Senge, P. M. [1990] *The Fifth Discipline*, New York. Doubleday Currency. (守部信之訳 [1995] 『最強組織の法則』徳間書店)

Shartle, C. L. [1956] *Exective performance and leadership*. Englewood Cliffs: Prentice-Hall.

Sherif, M. and Sherif, C. W. [1969] *Social Psychology*, Harper & Row.

Simon, H. A. [1947] *Administrative Behabior*. New York: Free Press.

Simon, H. A. [1977] *The new science of management decisions* (revised ed.). Prentice-Hall. (稲葉元吉・倉井武夫訳 [1979] 『意思決定の科学』産業能率大学出版部)

Simon, H. A. [1983] *Reason in Human Affairs*.Stanford University Press. (佐々木恒男・吉原正彦訳 [1984] 『人間の理性と行動』文眞堂)

Simon, H. A. [1997] *Administrative Behavior*, 4th ed, Free Press. (二村敏子・桑田耕太郎・高尾義明・西脇暢子・高柳美香訳 [2009] 『経営行動－経営組織における意思決定過程の研究』ダイヤモンド社)

十川廣國編著 [2006] 『経営学イノベーション２－経営戦略論』中央経済社.

十川廣國編著 [2010] 『経営学イノベーション３－経営組織論』中央経済社.

Stagner, R. [1954] Dual allegiance as a problem in modern society. *Personnel Psychology*, 7, pp.41-47.

Staw, B. M. [1982] Counterforces of change,in P.S.Goodman and Associates eds., Change in Organizations:*New Perspectives on Theory, Research, and Practice*, Jossey-Bass.

Steiner, G. A. [1969] *Top Management Planning*, Macmillan.

Stogdill, R. M. [1974] *Handbook of Leadership:A survey of Theory and Research*, The Free Press.

Strauss, A. [1959] *Mirrors and masks*:The search for identity, New York: Free Press. (片桐雅隆監訳 [2001] 『鏡と仮面－アイデンティティの社会心理学』世界思想社)

Super, D. E. [1957] *The Psychology of Career*. New York: Harper.

高橋正泰・山口善昭・磯山優・文智彦［1998］『経営組織論の基礎』中央経済社.

髙木晴夫監修［2005］『組織マネジメント戦略』有斐閣.

高尾尚二郎［1996］「組織コミットメントの多次元性 - 確認因子分析による次元性の検討」『慶応経営論集』第13巻第3号, pp.33-52.

田尾雅夫［1997］『「会社人間」の研究 - 組織コミットメントの理論と実際』京都大学学術出版会.

田尾雅夫［1998］『モチベーション入門』日本経済新聞社.

田尾雅夫［1999］『組織の心理学〔新版〕』有斐閣.

田尾雅夫編著［2003］『非合理組織の系譜』文眞堂.

田尾雅夫［2012］『現代組織論』勁草書房.

Taylor, F. W. [1911] *The Principles of Scientific Management*. New York & London：Harper Brothers.（上野陽一訳［1969］『科学的管理法』産業能率大学出版部）

Taylor, F. W. [2006] *The Principles of Scientific Management*, Cosimo Classics, New York：Cosimo. Inc.（有賀裕子訳［2009］『(新訳) 科学的管理法』ダイヤモンド社）

Teece, D. J. [2007] Explicating Dynamic Capabilities：The Nature and Microfoundations of (Sustainable) Enterprise Performance. *Strategic Management Journal*, Vol.28, Issue13, pp.1319-1350.（渡部直樹編著・デビッド・J・ティースほか著［2010］『ケイパビリティの組織論・戦略論』中央経済社）

Teece, D. J., Pisano, G. and Shuen, A. [1997] Dynamic Capabilities and Strategic Management. *Strategic Management Journal*, 18 (7), pp.509-533.

Thompson, J. D. [1967] *Organization in Action*. New York：McGraw-Hill.（大月博司・廣田俊郎訳［2012］『行為する組織 - 組織と管理の理論についての社会科学的基盤』同文舘出版）

Ticy, N. M. and Cohen, E. [1997] *The Leadership Engine：How winning Companies build leaders at every level*. Harper Collins Publishers, Inc.（一

條和生訳［1999］『リーダーシップ・エンジン－持続する企業成長の秘密』東洋経済新報社）

Ticy, N. M. and Devanna, M. A. [1986] *The Transformational Leader*. New York：Wiley.（小林薫訳［1988］『現状変革型リーダー』ダイヤモンド社）

Tosi, H. L. and Hamner, W. C. [1974] *Organizational Behavior and Management*：A Contingency Approach, St. Clair Press.

Trist, E. L., Higgin, G. W., Muray, H., Pallock, A. B. [1963] *Organizational Choice*, Tavistock Publications.

内野崇［2006］『変革のマネジメント－組織と人をめぐる理論・政策・実践』生産性出版.

上野恭裕・馬場大治編著［2016］『(ベーシックプラス)経営管理論』中央経済社.

Vroom, V. H. [1964] *Work and Motivation*. New York：Wiley.（坂下昭宣・榊原清則・小松陽一・城戸康彰訳［1982］『仕事とモチベーション』千倉書房）

Weber, M. [1922a] Soziologie der Herrschaft, *Wirtschaft und Gesellschaft,*：*Grundriss der Verstehenden Soziologie*, 1922, vierte, neuherausgegebene Auflage, 1956.（世良晃志郎訳［1960］『支配の社会学Ⅰ』創文社）

Weber, M. [1922b] Soziologische Grundbegriffe, *Wirtschaft und Gesellschaft,*：*Grundriss der Verstehenden Soziologie,* 1922, Studienausgabe herausgegebene von Johannes Winckelmann, 1964.（濱島朗訳［1971］「社会学の基礎概念」『現代社会学大系（第5巻）社会学論集』青木書店）

Weick, K. E. [1969] *The social psychology of organaizing*, Reading, MA：Addison-Wesley.（金児暁嗣訳［1980］『組織化の心理学』誠信書房）

Weick, K. E. [1976] Educational organizations as a loosely coupled systems. *Administrative Science Quarterly*, 21, pp.1-19.

Weick, K. E. [1979] *The social psychology of organizing* (2nd ed.). Reading, MA：Addison-Wesley.（遠田雄志訳［1997］『組織化の社会心理学（第2版）』文眞堂）

Wernerfelt, B. [1984] A resource-based view of the firm, *Strategic Management Journal*, pp.171-180.

Wernerfelt, B. [1995] The resource-based view of the firm:Ten years after. *Strategic Management Journal,* 16:pp.171-174.

Woodward, J. [1965] *Industrial Organization:Behavior and control,* Oxford University Press.（都築栄・宮城浩祐・風間禎三訳［1971］『技術と組織行動』日本能率協会）

山根節［2003］『戦略と組織を考える－MBAのための7つのケース』中央経済社.

索　引

〔英　数〕

2ボス・システム……………117
ERGモデル……………………165
PM理論………………………196
SECIプロセス………………104
SL理論…………………………198

〔和　文〕

■あ　行

アイオワ研究…………………192
アメーバ組織…………………117
暗黙知…………………………103
アンラーニング………………138
いきすぎた合理性……………99
意思決定………………………7
意思決定の型…………………59
意図された戦略………………94
イナクトメント………………83
インセンティブ・システム………172
衛生要因………………………166
オーソリティー（権威）……206
オープン・システム…………18
オハイオ研究…………………194

■か　行

階層の秩序……………………62
階層的目的体系………………61
外発的動機づけ………………171
科学的管理法…………………33
学習サイクル・モデル………136
学習する組織…………………140
価値アプローチ………………179

価値前提………………………56
価値連鎖………………………11
カリスマ的リーダーシップ理論…203
環境決定論……………………152
カンパニー制組織……………115
管理過程………………………5
管理過程論……………………37
管理機能………………………36
管理の一般的原則……………36
官僚制組織……………………97
官僚制の逆機能………………98
機械的管理システム…………67
期待説…………………………169
機能別（職能別）組織………113
強化（学習）説………………168
境界環境………………………20
境界関係………………………19
共通目的………………………45
協働……………………………49
協働意欲………………………46
協働体系（協働システム）…47
近代組織論……………………6
クローズド・システム………18
クロスファンクショナル組織……118
経営（管理）人モデル………57
経営理念………………………187
計画的戦略……………………100
経済人モデル…………………6
経済的交換アプローチ………179
形式知…………………………103
権威受容説……………………190
限定された合理性……………7
公式化…………………………112
公平説…………………………167

コミットメント 176
ゴミ箱モデル 80
コミュニケーション 46
コンフリクト 176
コンフリクト・マネジメント ... 185
コンフリクトの解消 23

■さ　行

サークル型組織 119
最適化意思決定 60
サイド・ベット 177
事業部制組織 114
資源ベース・アプローチ 92
自己実現モデル 164
自己組織系モデル 78
仕事中心型リーダー 198
事実前提 56
実現された戦略 94
社会人モデル 6
社会的交換アプローチ 179
状況適合理論 197
自律人モデル 48
シングル・ループ学習 137
シンボリック・パースペクティブ
　　　　　　　　　　　　　　.... 12
垂直分業 109
水平分業 109
スタッフ 149
スパン・オブ・コントロール ... 113
斉一性への圧力 132
成功の罠 157
制度的リーダーシップ 25
制約された合理性 60
専門化 111
戦略的選択 89
戦略的選択アプローチ 90
戦略的マネジメント 90

相互行為 81
創発的戦略 100
創発的変革 154
組織化 83
組織化された無秩序 81
組織期待 79
組織均衡 46
組織均衡論 71
組織形態 5
組織研究 4
組織コミットメントの3要素モデル
　　　　　　　　　　　　　　... 182
組織制度 41
組織選択 79
組織デザイン 121
組織のコンティンジェンシー理論 .. 66
組織の進化モデル 153
組織のダウンサイジング 149
組織のライフサイクル・モデル 22
組織のライフサイクル論 150
組織風土 128
組織文化 128
組織文化の逆機能 142
組織文化のレベル 130
組織変革 156
組織目標 79
組織ルーティン 123

■た　行

対人影響力 191
ダイナミック・ケイパビリティ .. 122
多角化 9
多義性 10
達成動機説 166
ダブル・ループ学習 137
断続的均衡モデル 153
知識創造のプロセス 103

知識の開発 ……………………… 139
知識の活用 ……………………… 139
同一化 …………………………… 180
動機づけ要因 …………………… 166
統合 ………………………………… 69

■な 行

内発的動機づけ ………………… 171
ナレッジ・マネジメント ……… 105
二要因説 ………………………… 165
人間関係論 ………………………… 40
人間中心型リーダー …………… 198
ネオ・コンティンジェンシー理論
　………………………………………… 90
能率 ………………………………… 47
能力ベース・アプローチ ………… 93

■は 行

パス・ゴール理論 ……………… 200
パワー（権力） ………………… 206
標準化 …………………………… 111
フォード・システム ……………… 34
フォロワー ……………………… 192
フォロワーシップ ……………… 205
複雑適応システム ……………… 153
部門化 …………………………… 111
プロジェクト組織 ……………… 118
分化 ………………………………… 69
分化と統合 …………………………… 8
分業 ……………………………… 109
分権化 …………………………… 112
変革的リーダーシップ理論 …… 203
ホイール型組織 ………………… 120
ホーソン実験 ……………………… 38
ポジショニング・アプローチ …… 91

ポストモダン・パースペクティブ
　………………………………………… 12
ボトルネックの解消 ……………… 23

■ま 行

マトリックス組織 ……………… 116
マネジメント …………………… 204
マネジャーの仕事 ………………… 99
マネジリアル・グリッド理論 … 195
満足化意思決定 …………………… 60
ミシガン研究 …………………… 194
無関心域 ………………………… 190
目標設定モデル ………………… 169
目標設定理論 …………………… 201
目標による管理制度 …………… 201
モダン・パースペクティブ ……… 12
持株会社制 ……………………… 115

■や 行

役割分化 ………………………… 193
誘因－貢献理論 ……………………… 7
有機的管理システム ……………… 67
有効性 ……………………………… 47
余剰資源（スラック） …………… 71

■ら 行

ライン …………………………… 149
リーダー ………………………… 192
リーダーシップ ………………… 204
リーダーの道徳 …………………… 52
ルース・カップリング …………… 20
ルーティン ……………………… 139

■わ 行

ワーク・モチベーション ……… 182

〈著者略歴〉

槇谷　正人（まきたに・まさと）

1957年大阪府生まれ，1981年関西学院大学商学部卒業，シャープ株式会社，学校法人産業能率大学総合研究所を経て，2011年明治学院大学大学院経済学研究科経営学専攻博士後期課程修了（博士：経営学）。摂南大学経営学部・摂南大学大学院経済経営研究科教授を経て，現在，東海大学政治経済学部経営学科・東海大学大学院経済学研究科教授。

主著

『経営理念の機能－組織ルーティンが成長を持続させる』中央経済社，2012年.

『経営哲学の授業「第1部出光佐三の経営哲学」』PHP研究所，2012年.

『経営学ベーシックプラス「第7章　現代企業と情報管理」「第8章　日本の経営と経営者論」』同文舘出版，2014年.

『ステークホルダーの経営学（第2版）「第Ⅱ部11　企業の戦略－開かれた組織の経営戦略」』中央経済社，2015年.

『企業の持続性と組織変革』文眞堂，2016年.

ビギナーズ 経営組織論

2018年4月1日　第1版第1刷発行
2021年3月30日　第1版第2刷発行

著　者　槇　谷　正　人
発行者　山　本　　　継
発行所　㈱中央経済社
発売元　㈱中央経済グループ
　　　　パブリッシング

〒101-0051　東京都千代田区神田神保町1-31-2
電話　03(3293)3371(編集代表)
　　　03(3293)3381(営業代表)
https://www.chuokeizai.co.jp
印刷／㈱堀内印刷所
製本／㈲井上製本所

© 2018
Printed in Japan

＊頁の「欠落」や「順序違い」などがありましたらお取り替えいたしますので発売元までご送付ください。（送料小社負担）

ISBN978-4-502-25951-7　C3034

JCOPY〈出版者著作権管理機構委託出版物〉本書を無断で複写複製（コピー）することは，著作権法上の例外を除き，禁じられています。本書をコピーされる場合は事前に出版者著作権管理機構（JCOPY）の許諾を受けてください。

JCOPY〈http://www.jcopy.or.jp　eメール：info@jcopy.or.jp〉

好評発売中

開かれた社会と持続可能な企業

ステークホルダーの経営学 第2版

大平浩二〔編著〕
A5判・332頁／ISBN：978-4-502-18661-5

企業が持続するためには株主・消費者・従業員・取引先などのステークホルダーとバランスの取れた関係を保つことが求められている。社会環境の変化や制度改正を踏まえた最新改訂。

◆**本書の主な内容**◆

第Ⅰ部　経営学の歴史と企業の発展
1　近代科学の誕生と近代産業の勃興
2　ドイツの経営学
3　アメリカの経営学
4　日本の経営学
5　現代社会と企業

第Ⅱ部　現代企業とステークホルダー
1　＜Case＞パナソニック株式会社
2　＜Case＞GE
3　企業と株主
4　企業と消費者
5　企業と社員
6　企業と取引先
7　企業とファイナンス
8　企業と法
9　企業と組織
10　企業と戦略
11　企業と市場
12　企業と環境
13　企業と国際化
14　結びにかえて

中央経済社